愛する男、愛する女に食べさせたい

枝元なほみ

講談社

scene

00：はじめにまじめな里芋の話？

こんにちは。えだもとです。唐突(とうとつ)ですが、新聞を読むのが好きです。ある朝もこんな記事を読みました。

［新聞記事］

デパ地下の食品売り場で、揚げ物、煮物といった純然たるおかずの売り上げが横ばいなのに対して、〝おかず風サラダ〟、つまりおかずとサラダの中間のような料理が売れている。それらは食材も味つけも、和洋中エスニックの枠を越えた斬新(ざんしん)なもの。食の専門家は人気をこう分析する。「芋の煮っころがしのような和総菜は、育った家庭のおふくろの味が基本にあるため、製造者側がパブリックな味つけの料理を商品として作りにくい。一方、消費者側の女性はそうしたおふくろの味的なお総菜を買うことに、罪悪感を捨てきれない面もある。だから新種の〝おかず風サラダ〟がブレイクするのではないか」

（東京新聞2001年10月8日の記事をリライト）

この記事を読んだとき、「でしょ、でしょ、でしょ!!」とかなり激しくコーフンしました。鼻の穴が大きくふくらんでいた、かもしれない。というのも、長年悩んでいたのです。里芋の煮物、どーしたもんか、と。

料理家という仕事をやっていると、いろんな料理を「作ってください」とオーダーされます。が、はっきり言って、中には**苦手な料理**もある。たとえば里芋の煮物とか。苦手な理由はそりゃもう複雑です。複雑、ごちゃ混ぜ、複合体、これを

英語で言いますてぇと、ずばりコンプレックス。そうなんです、〝里芋の煮物コンプレックス〟にかかっていたんです！

以下、ひとりの女（→しかも料理を仕事にしている）がコンプレックスを克服するまでの、愛と涙の感動の手記であります。

［枝元手記］

明日は仕事でソレを作らなきゃいけない、という夜。わたしはひとり、キッチンで頭を抱えていた。いったいどんなのを作ったらいいんだろう？　よく人は言うのだ「里芋はちょっと煮くずれたほうがおいしいんだよね」。人はこうも言う「ぬめりのないつるりとした里芋でなくちゃ。箸を入れてはじめて、ほくっと柔らかさを見せるのがいいんだよ」。また人は言う「白い肌のが好きだ」。さらに人は言う「見た目よりも味。しっかり味がしみてなきゃ」。わたしは悩む。おふくろの味っていったい何よ？　わたしは苦しむ。その家ごとに味もカタチも違うから、どれが正解とか、どれが一番とか言えないんじゃないの????そう気づいたとき、遠く彼方から何やら爆音のようなものが聞こえてきた。グオォォォー、グハハハハッ。こ、これは、日本全国津々浦々のおふくろたちの、勝利の高笑いではないか！（→むろん幻聴）

苦しみがにわかに怒りに変わった。みんな勝手なことばっかり言ってさ。でも、あれでしょ、こんなに人にいろいろつべこべ言われてるってことは、おふくろの味には**実体がない**ってことじゃないの。おふくろの味って、つまりは**イメージ先行**の料理じゃないのよ。イメージ、とっぱらっちゃえ、とっぱらっちゃえ。自分が食べたい里芋の煮物を作ればいい。

わたしは鍋ではなく、フライパンを取り出した。油をひく。鶏肉を焼きつけて、里芋を入れる。砂糖、酒、みりん、しょうゆ、まずは普通の和風煮物の味つけで煮ていく。そこへ、カンとヒラメキで、鶏がらスープの素をふり入れた。さらに煮た。柔らかくなるまで炒め煮て、味をみた。コクが欲しいかな。そう思って加えたのはピーナッツバターだ。味をみた。少しキリッとさせよう。そう思って加えたのは豆板醤だ。味をみた。うん、いい感じ。でもあと少しだけ風味が欲しいな。そう思って最後に加えたのは、おろしにんにくだ。味をみた。よしっ。これで、よし。強火でガーッと混ぜてテリを出して皿に盛る。香菜（シャンツァイ）と白髪（しらが）ねぎをたっぷり、上にのせる。ふわっと香りの立つ香味野菜と、コクのあるピリ辛（から）の里芋の煮物を混ぜながら食べる。こんな、国籍不明のままアジアのどこかをさまよっているような料理が、わたしの料理。

翌日、雑誌の料理ページの撮影で、里芋の煮物＊枝元バージョンを作った。試食のときにカメラマンのアシスタントの若い男子が聞いた「うまいっすねぇ、これ、なんすか？」。わたしは言った、平然と「里芋の煮物だよ」。すると彼はなんのためらいもなく言ったのだ「里芋の煮物っすか！ いや、うまいです、好きです」。ほーらね、やったぜ、**ラブ＆イート**。こうして、わたしはようやく、里芋を愛せるようになったのだ。

里芋の煮物＊枝元バージョン

あるようで「ない」かもしれない、
料理のモラルからはみだせ！

材料　2人分

里芋 - - - 3～5個（300ｇ）
鶏もも肉 - - - 1枚
サラダ油 - - - 少々
A
- 砂糖 - - - 大さじ$\frac{1}{2}$
- 酒・みりん・しょうゆ - - - 各大さじ$1\frac{1}{2}$～2
- 水 - - - カップ1

鶏がらスープの素（顆粒）- - - 小さじ$\frac{1}{4}$
B
- ピーナッツバター（無糖）- - - 大さじ1弱
- 豆板醤（トウバンジャン）または辣椒醤（ラージャオジャン）- - - 小さじ$\frac{1}{2}$
- おろしにんにく - - - 少々

＊白髪ねぎと葉先をきざんだ香菜、きざんだピーナッツをのせて、混ぜながら食べるのがわたしは好き。

作り方

1　里芋は皮をむき、大きければ半分に切る。流水で洗い、塩大さじ1をふってもみ、すすいで水けをきる（←ぬめりをとる作業）。鶏肉は大きめの一口大に切る。

2　フライパンにサラダ油を熱し、鶏肉の皮側から先に強火で2分くらい焼く。裏返して火を少し弱め、肉側は色が変わる程度に焼く。

3　里芋を入れて炒め、表面に油がなじんでつやつやしてきたらAを加える。煮立ったら鶏がらスープの素を加え、落としぶたをして弱火で20分ほど煮る。

4　Bを入れ、強火で混ぜてテリが出たら火からおろす。

こんな調子で、次々にいきましょ。

料理家・枝元なほみ。

作る料理には、案外わりとずいぶん、

キモチを込めてます。

秋に心、あのひとを想って

冬に愛、胸いっぱいの愛

この本のきまり
電子レンジは500W出力を使いました。400Wの場合は加熱時間を1.2倍、600Wの場合は0.8倍にしてください。
計量の単位は、カップ1は200㎖、1合は180㎖、大さじ1は15㎖、小さじ1は5㎖です。
「サラダ油」はグレープシードオイル、太白ごま油、ピーナッツ油など、くせのない植物油を好みで使ってください。

春に夢、あなたに会う

scene

01：さっぱりとしたキモチのめん

若いお嬢さんには2種類いると思うんです。「この世の春！」みたいなキモチで生きている〝春ガール〟と、なんだか得体(えたい)の知れない重たいものを胸に抱えている〝冬ガール〟と。〝冬ガール〟だったえだもとの心の中にある、春先の物語——。

〝冬ガールA〟は貧乏だった。その年はひと冬ずっと、缶コーヒーのマネキンのアルバイトをしていた。高架で風がびゅうびゅう吹く、寒い西国分寺駅からJRに乗って。埼玉県のスーパーマーケットチェーン店Mを、ひとり転々とまわる日々。一日こっきりのバイトに誰も優しくなんかしてくれない。缶コーヒーもあまり売れない。ある日もJRのホームで、なかなか来ない電車を待っていた。空気が少しぬるい感じがしたけれど、寒い冬の間に身についた癖(くせ)と、さえない自分を持ちこたえるのが辛(つら)いのとで、〝冬ガールA〟は肩をすぼめ、くたびれたジャンパーコートの襟に首をうずめて頭を垂れていた。ふと顔を上げた。その瞬間、まわりにいる若い女たちが、自分以外の女たちがみんな、明るいきれいな色の服を着ていることに気づいた。いつの間にか春が来ていたんだ。

セロリラーメン

干しえびでスープをとるなんてカッコイイしね。

材料　2人分

干しえび---大さじ3
セロリ---大1本
万能ねぎ---4本
中華生めん---2玉
A┌ごま油・塩・しょうゆ---各少々
　└赤唐がらし（斜め小口切り）---½本分
B┌塩---小さじ1
　│ごま油---ひとたらし
　└こしょう---各少々
鶏がらスープの素（顆粒）---少々

作り方

1　水カップ3½と干しえびを鍋に入れて、中火にかける。煮たったら弱火にし、6〜7分煮る。
2　セロリは4〜5cm長さの薄切りにする。葉も少し摘みとり、一緒に冷水に放してシャキッとさせる。水けをきり、4〜5cm長さに切った万能ねぎとともにAであえる。
3　1のスープをBで調味し、味をみて、薄かったら鶏がらスープの素を加えて味をととのえる。
4　中華めんをゆでて器に入れ、3のスープをかけて、2をのせる。

〝冬ガールB〞も貧乏だった。貧乏だったけれど、春の訪れには気づいていた。その夜はライブに行くから、気持ちが高揚していた。なま暖かいあやしい風が吹く春の夜だったし。今夜、渋谷の小さなライブハウスに立つのは憧れのミュージシャンで、大好きな彼の歌『春の嵐の夜の手品師』を聴けるのだ。花束を渡したいと思った。春のしるしのすみれの花束。デパートの花屋さんのショーウインドーの上段で、それは1束3000円した。片手で折ってしまえそうな1束。しかたなく500円均一のボウルの中から、かすみ草でボリュームアップしたアネモネを買おうかと迷ったけれど、やめにした。すみれでなきゃ意味がない、と思ったのだ。今夜のわたしから彼へ、渡すのにふさわしいのは、はかなく強く野に咲くすみれだから。でもそれが買えない夜。

〝冬ガール〞たちは胸に強い自意識（＝自分を過剰に意識すること？）を抱えているがゆえに、キモチがだぶつきがち。冬から春へと季節が移行する時期に、とくにブルーが入りやすい。それをゆるめて、ぬるめて、明るい春を迎えるためには、キモチがさっぱりとするめんを食べるとよいです。

うどとマッシュルームのパスタ

まっさらなキモチになりたいときに向くパスタ。

材料　2人分

うど---1/2本(250g)
マッシュルーム---6個
細めのパスタ(バーミセリなど)---160g
オリーブ油・バター---各大さじ1
昆布茶---小さじ1/2
塩---小さじ1/3
レモン汁---小さじ1
いり白ごま---適量

作り方

1　うどは皮をむいて、まわしながら5〜6cm長さの縦長の乱切りにする。酢水に放しておく。

2　パスタをゆではじめる(ちょっと固めのゆで時間にタイマーをかけて)。

3　マッシュルームは石づきを除いて5mm厚さに切り、水けをきったうどと一緒に、オリーブ油とバターを熱したフライパンで炒める。油がなじんだら昆布茶を入れ、塩で味つけし、ゆで上がったパスタを入れてサッと炒め合わせる。最後にレモン汁をふり入れる。

4　皿に盛って、いり白ごまを好きなだけふる。

＊昆布茶は〝昆布だしにも似たコクを手軽にプラスできる調味料〟として愛用。最後にレモン汁を加えるのは、さっぱりさわやかな風味に仕上げるため。

どうにも〝すきま〟が気になります。たとえば肉じゃがは〝すきま〟がうまいって、あるとき気がついた自分を「えらい！」って思ったんですけど。じゃが芋とじゃが芋の間の、粉ふいたり煮くずれたりして柔らかくなったとこ。あの〝すきま〟、うまくないですか？　逆に人と人との〝すきま〟は苦手だ。かたくるしいパーティーとかに（あんまり行かないけど）行くと、そこにいる人々が自分と人との〝すきま〟を、とりあえずの同じ空気や共通の認識で埋めようとしている感じがして。わたしはそれができない（したくもない）ので、お酒をガンガンに飲んで、自分のまわりの〝すきま〟をアルコールで埋めちゃったりして。大酔っぱらいになって、あとで自己嫌悪に陥るんです。〝すきま〟は難しい。

で、ドレッシングの話。フレンチドレッシングは塩とビネガーとオイルで作りますが、それだけだと、いくら泡立て器でカシャカシャとよく混ぜても、調味料どうしの〝すきま〟が気になるんですね、わたしは。なのではちみつの甘みを、塩に勝たないぐらいの甘みを入れる。すると調味料どうしの〝すきま〟がうまくつながってくれるように思うんです。

これは何にでも使えるドレッシング。中でも好きなのは、にんじんとサーモンのサラダ。にんじんもスモークサーモンも、かわいいサーモンピンク色でしょ。見た目の〝すきま〟がなくなっちゃう。見分けがつかなくなっちゃう。そこが好き。で、口に入れると、ほんのり甘くてシャキシャキのにんじん、ひんやりコクのあるサーモン、個性の違うどうしがすごくよく合うの。おいしいです。

scene

02：サーモンピンクのサラダ

はちみつ入りドレッシング

材料　1回分

塩・はちみつ---各小さじ1/2

ワインビネガー・EXバージンオリーブ油・グレープシードオイル---各大さじ1 1/2

粗びきこしょう---少々

＊グレープシードオイルはほかの植物油（サラダ油、ピーナッツ油など）でもいい。

＊あれば、こしょうは辛みが少ないグリーンペッパーが◎。フリーズドライが多いので、指先でキュッとつぶせるのも楽しい。わたしはいつも4〜5粒を使用。

作り方

ボウルに材料を表記の順に入れて、そのつど泡立て器でカシャカシャとよく混ぜる。

にんじんとサーモンのサラダ

サーモンピンクのサラダ。

材料　2人分

にんじん---1本
スモークサーモン（スライス）---5枚
はちみつ入りドレッシング（P.12）---全量
ディル、チャイブなどのフレッシュハーブ---適量
＊ハーブはなくてもOK。

作り方

1　にんじんはピーラーで皮をむくように、縦長にスルリと薄切りにする。スモークサーモンは半分の長さに切る。ハーブはきざむ。

2　1を混ぜて、はちみつ入りドレッシングであえる。

紫玉ねぎ入りタラモサラダ

ウスムラサキピンクのサラダ。

材料　2人分

じゃが芋---小2個
はちみつ入りドレッシング(P.12)----全量
紫玉ねぎ---½個
たらこ---½腹(50g)
A ┌生クリーム---カップ½
　└プレーンヨーグルト(無糖)---カップ¼
＊好みのスパイスをかけても。

作り方

1　じゃが芋は皮をむいて2～3cm角に切り、たっぷりの水から柔らかくなるまでゆでる。湯を捨てて火にかけ、水分をとばして粉をふかせ、火からおろす。木べらなどでつぶし、熱いうちにはちみつ入りドレッシングであえる。

2　紫玉ねぎは薄切りにし、酢水に5分放して水けをきる。たらこはほぐしてAと合わせる。

3　1のじゃが芋の粗熱がとれたら、2とあえる。

レンズ豆と
グレープフルーツのサラダ

オレンジピンクのサラダ。

材料　2〜3人分
グレープフルーツ（ルビー）---1個
レンズ豆（乾燥・スプリットタイプ）
　---カップ½
セロリ（粗みじん切り）---⅓本分
はちみつ入りドレッシング（P.12）---全量

作り方
1　グレープフルーツをむいていく。まず上下を切り落として、果肉が出るまで、皮を縦に厚く2房分ぐらいむく。出た果肉の薄皮にそって、中心までナイフで切り込みを入れ、果肉を取り出してボウルに入れる。皮を2房分ぐらいずつむきながら、果肉を同様に取り出していく。
2　たっぷりの沸騰湯でレンズ豆を4〜5分ゆでてざるにとり、水けをきってボウルに入れる。熱いうちに、セロリとはちみつ入りドレッシングを加えてあえる。
3　2が冷めたら、1のグレープフルーツを入れてあえる。
＊最初にグレープフルーツの皮を全部むいてしまうと、持つところがなくなって、果肉を取り出すときにぐちゃぐちゃになる。だから、1のむき方がおすすめ。

scene 03 :

ハロルドに絵をもらった

　ハロルドに絵をもらった。カノコとサラがうちに遊びに来たときに、持ってきてくれたのだ。カノコとサラは、わたしの古くからの友人で詩人の伊藤比呂美の娘たち。そしてハロルドは比呂美ちゃんのパートナーだ。画家で、きっとめずらしいんだと思うのだけれど、コンピューターに絵を描かせている。お茶の水博士みたいなもんだ。

　画家から絵を贈られたことがあるだろうか。特別な気持ちになる。定位置なんてまだ決められないから、とりあえず本棚の上に置いて、居住(いず)まいを正し、絵を真っ正面からじっとみつめる。スーッと鼻から大きく息を吸う、そして、〝わたしの〟と小さく思う。〝わたしの、絵〟。お返しというわけではないけれど、この絵に似合う料理を作ってみよう。卵料理がいい。ハロルドの絵にきっと似合うし、比呂美ちゃんが一番好きな食べ物は卵かけごはんだから。エプロンをつける。冷蔵庫を開けて、ひんやりとした卵を取り出す。でもその時点ではまだ、ドキドキしてるんだ。ハロルドが絵を描くのに費やした気持ちに、つり合うぐらいの料理を作ることができるかしら、って。

スチームド エッグスープ

ハロルドの絵に合わせたいNo.1。きどった前菜なのだ。

材料　4～5人分
卵 - - - 3個
チキンスープ（冷ましたもの） - - - カップ$2\frac{1}{4}$
塩 - - - 小さじ$\frac{2}{3}$
[ジェル]
チキンスープ - - - カップ$1\frac{1}{4}$
粉ゼラチン - - - 5g
塩 - - - 少々
＊チキンスープは市販の上質なスープの素を薄めて作る。
＊好みでルッコラを飾っても。

作り方
1　ボウルに卵を溶きほぐし、チキンスープと塩を混ぜる。ざるでこして、4～5個の小さな耐熱容器に移す。
2　湯気の上がった蒸し器に1を入れて、強火で2分、弱火で20～25分蒸す。竹串を刺し、抜いたときに何もつかなければOK。冷蔵庫で冷やす。
3　ジェルを作る。チキンスープを小鍋に入れて、粉ゼラチンをふり入れ、温めながら混ぜる。ゼラチンが溶けたら塩で味をととのえ、火からおろす。平たいバットなどに流し込み、粗熱がとれたら冷蔵庫で冷やし固める。
4　2の上に3をスプーンですくってのせる。

エリンギとあさり入りスクランブルエッグ

これとパンとワインがあれば、リッチなごはん。

材料　4人分
卵 - - - 3個
エリンギ - - - 1パック
あさり（殻つき・砂出ししたもの） - - - 200g
オリーブ油 - - - 大さじ1強
塩・こしょう - - - 各適量
白ワイン - - - 大さじ2
好みのナチュラルチーズ - - - 40g
イタリアンパセリ（粗みじん切り） - - - 少々

作り方
1　エリンギは縦に4等分に裂き、長ければ半分に切る。
2　フライパンにオリーブ油大さじ1を熱してエリンギを中火でサッと炒め、軽く塩、こしょうする。あさりも入れてワインをふり、ふたをして、貝の口が開いたら火からおろす。あさりの殻を取り除き、身をフライパンに戻す。
3　ボウルに卵を溶きほぐし、2のフライパンの中身を加えてチーズを小さく切って入れ、軽く塩、こしょうして混ぜる。
4　2のフライパンにオリーブ油少々を加えて中火にかけ、3の卵液を一気に流し込み、全体がまとまりかける程度に火を通す。皿に盛り、イタリアンパセリを散らす。

とろり卵かけごはん

ぐちゃぐちゃにかき混ぜて食べてね。

材料　2人分
卵---2個
塩---小さじ$\frac{1}{4}$
┌細切り塩昆布---大さじ1
A 削り節---小1袋(5g)
└しょうゆ---小さじ1
温かいごはん---茶碗2杯分

作り方
1　卵を耐熱ボウルに溶きほぐし、塩を混ぜ、ラップをかけて電子レンジで30秒加熱。取り出してフォークで混ぜ、再びラップをしてレンジで30秒加熱。取り出したら、すぐに混ぜる。
2　別の容器にAを混ぜ合わせる。
3　ごはんに1をとろりとかけて、2をのせる。

ゆで卵のブラックオリーブソース

人気のソース。かけるだけで、おしゃれなプレートになる。

材料　2人分
卵---2～3個
[ブラックオリーブソース]
ブラックオリーブ---10粒
アンチョビ---2枚
オリーブ油---大さじ2
にんにく(みじん切り)・レモン汁---各少々
＊マッシュルームの薄切り、ルッコラなど好みのフレッシュハーブを適宜添えて。オリーブ油・塩・こしょう各適量をふる。

作り方
1　卵は冷蔵庫から出したら小鍋に入れ、ぬるま湯を注いで5～10分つけておく(←こうするとひび割れたりしない)。そのまま火にかける。沸騰したら中火にして、ときどき混ぜながら6～7分ゆでる。
2　ブラックオリーブ、アンチョビを細かくきざんで、オリーブ油、にんにく、レモン汁とあえてソースを作る。
3　ゆで卵をフォークで半分に割って皿に盛り、2のソースをかける。

scene

04：そら豆ざんまい

友だち　わっ、そら豆だ。

枝元　季節でしょ。なんか作ろうと思って。好き？

友だち　もちろん！　えだもんも好き、だよね？

枝元　うん、料理するの、大好き。いろいろできるもん。パスタ、ごはんもの、えびとかき揚げにするのもうまいし、グラタンもいいし。エジプトではそら豆をつぶし、コロッケみたいに揚げて、パンにはさむんだよ。

友だち　おいしい？

枝元　おいしい。エジプトで食べたことはないけれど。ニューヨークとかで一時期はやったんだ。まわりはコロッケ色なの。茶色。で、中はグリーンなんだよ。きれいでしょ。パンにはさむときに、ヨーグルトのソースをかけてた。ヨーグルトにパプリカとか塩とか入れたの。

友だち　それ、ニューヨークで食べたの？

枝元　どこで食べたか忘れちゃった。でも料理としては昔から知っていたから、カルマ（＝昔、働いていたレストラン）とかで勝手に作ってた。でもね、日本のそら豆はほっこり優しいんだよね。気候風土がそうだから。中東あたりのギュッと濃い感じのそら豆とは違うんだよ、きっと。ま、ほっこり優しいのは優しいので、いいけどねぇ。そら豆って、毎年この季節には絶対に買う。何回も買う。

友だち　わたしも買う。

枝元　　必ず、新鮮なさやつきのを買う。

友だち　わたしも買う。

枝元　　で、さやをこうやってほぐしたときに、あの白いうっすらしたとこ、触る。

友だち　ベッドのところね。いいよねぇ、素敵なベッドだよね。

枝元　　なんかエッチな感じする。

友だち　ほんと？　わたしは「大事にされちゃってぇ。こいつったら過保護」みたいに思う。

枝元　　そう、なんかお嬢様な感じするよね。そのお嬢様をゆでて、塩をちょいとつけて食べるっていうのもいいよねぇ。あ、今日はそれにした、シンプルにいこう。

友だち　ビール？

枝元　　白ワインもいいね。開けちゃう？

揚げそら豆の混ぜごはん

これひとつで、ごちそうな気分。

材料　2～4人分
そら豆 - - - 16個
サラダ油 - - - 大さじ4～5
たらこ - - - ½腹(50ｇ)
温かいごはん - - - 茶碗2～3杯分
いり白ごま - - - 大さじ1
昆布茶 - - - 小さじ½

作り方
1　たらこはグリルで焼く。時間がないときは、ラップにふんわりくるんで電子レンジで1分加熱してもいい。
2　そら豆は皮のお歯黒(＝黒い線)の反対側に縦に切り込みを入れる。フライパンにサラダ油を熱してそら豆を入れ、菜箸(さいばし)で転がしながら揚げ焼きにする。油をきる。
3　たらこはほぐしながら、そら豆は皮をむきながら、ごはんに加える。いり白ごま、昆布茶も加えて、さっくり混ぜる。

そら豆、モッツァレラ、ルッコラのピザ

春巻きの皮で作るかんたんピザ生地も自慢。

材料　2～4人分
そら豆 - - - 20個
モッツァレラチーズ - - - 1個
ルッコラ - - - 1わ
春巻きの皮(丸形) - - - 6枚
溶き卵・オリーブ油 - - - 各適量
塩・粗びき黒こしょう - - - 各少々

作り方
1　そら豆は塩ゆでにして皮をむく。オーブンを200℃に温めておく。
2　天パンにオーブンシートを敷いて春巻きの皮を1枚のせ、溶き卵を塗ってもう1枚重ね、同様にもう1枚も重ねる。残りの1セットも同様にして、〝春巻きの皮のピザ生地〟を作る。
3　2にオリーブ油を薄く塗って、そら豆、薄切りにしたモッツァレラを並べ、塩、こしょうをふって、200℃のオーブンで約8分焼く。食べやすくちぎったルッコラをのせる。
＊オーブントースターで焼く場合は、ピザ生地を半分に切って天パンにのせ、6～7分焼く。

そら豆、モッツァレラ、ルッコラのピザ

そら豆のスープ

そら豆のスープ

そら豆におぼれるような気持ちにひたれる。

材料　2人分

そら豆 - - - 20個
玉ねぎ（みじん切り）- - - $\frac{1}{4}$個分
長ねぎ（小口切り）- - - 7cm分
オリーブ油 - - - 大さじ1
A ┌湯 - - - カップ$2\frac{1}{2}$
　└チキンコンソメ（顆粒）- - - 小さじ$\frac{2}{3}$
クリームチーズ - - - 60ｇ
塩 - - - 小さじ$\frac{1}{2}$
こしょう - - - 少々
＊好みでプレーンヨーグルトや白こしょう、ミントなどのフレッシュハーブを加えても。

作り方

1　そら豆は皮のお歯黒の反対側に縦に切り込みを入れ、たっぷりの沸騰湯でゆでて皮をむく。

2　鍋にオリーブ油をひいて、玉ねぎと長ねぎを一緒に中火で炒める。しんなりしたらAを加え、そら豆を入れて、少し煮て味をなじませる。

3　クリームチーズを入れて、ずらしてふたをし、弱めの中火で7～8分煮る。

4　火からおろし、粗熱がとれたら、フードプロセッサーかミキサーでピュレ状にし、塩、こしょうで味をととのえる。温めなおしても、冷やしてもおいしい。

scene

05：

花見だけは欠かさない

桜が咲くと気が気じゃないの。毎年ね、桜がもうすぐ咲くと思ったらね、「なんで仕事入れちゃったんだろう」って後悔する。

桜ってさ、木全体が桜になっちゃうじゃん。まだ木々の緑色が立ってくる前に、まずは春の序章みたいな感じで、白い桜の花がパーッと空の下のほうを染め抜く。街のあちこちに、白いかたまりがボウッとぼんぼりみたいに灯る。あれって、景色の中にそこだけぽっかり穴が開いたみたい。この世界とは違うどっか別の場所に通じる、すきまみたいな気がするんだよね。狂ったように咲く満開の桜の下で、首のうしろが痛くなるぐらい、ずっと見上げてると、視界が白い花びらでいっぱいになる。するとホワイトアウトっていうの？　ほら映画とかで絞りをガーッと開けていって、最後に何も見えなくなって真っ白になる手法があるじゃない、あれみたいに、この世界と桜の境界線があいまいになる。この世界と自分との境界線もあいまいになる。それで桜を見ると、1回死んで、生き直った感じがするんだ、いつも。

だから気が気じゃないのよ、桜が咲くと。わたしがこうしている間に、外ではとても大事なことが起きているんだ。だって桜が咲いてるんだから、って思うんだよ。でもたとえ仕事がぱつんぱつんに入っていたとしても、それでも花見だけは欠かさない。たとえば夜の目黒川沿いの桜。歩きながら端から端まで。川の両側とも。どの木もどの木も。どの桜もどの桜も。咲いているところ、最初から最後まで見る。見続けなくちゃいけないような気がして見ちゃうんだよね。

桜を見るときって、じつは食べ物はそんなにいらない気がするんだ。主役は桜だもん、食べ物じゃないもん。だから団子とか、酒だけとか。かんたんな弁当でいいぐらい。桜を邪魔しない食べ物がいい。でも、あったらもちろん食べるけどね。「おいしいね」とか言いながら、絶対に食べるんだけどさ。

桜のおっかけ、するのが夢なの。おばあさんになったら、死ぬまでに絶対。南から北へ、日本列島を桜を追って旅するんだ。あと花火も好きだから、日本全国の花火大会、網羅したい。春は桜、夏は花火。おばあさんになったらすごく忙しい。思うんだけどわたし、消えてなくなるものが好きなのかも。芝居もそう、花火もそう、桜もそう、料理もそうだ。消えてなくなるけど、心のどっかに残るものが好きなのかもしれない。

＊桜てまり、かすみてまり、ごまごまから揚げをお弁当箱に詰めたら、塩ゆでした絹さやを散らすとキュート。

桜てまりずし

開けて「わぉ！」、かすみか雲かの桜のおすし。

材料　2人分
米---カップ2
だし昆布---5cm角1枚
［すし酢］
米酢---カップ$\frac{1}{3}$
砂糖---大さじ2
塩---小さじ$\frac{2}{3}$
［桜てまり］
甘塩ざけ---小1切れ
ゆで卵の黄身---少々
［かすみてまり］
白身魚（すずき、たい、ひらめなど）の刺身---4〜6切れ
木の芽---4〜6枚

作り方
1　米をといでだし昆布をのせ、米と同量の水を加えて炊飯器で普通に炊く。炊き上がったら10分蒸らす。
2　すし酢を作る。調味料を耐熱ボウルに入れて、ラップをせずに電子レンジで40〜50秒加熱。よく混ぜて砂糖を溶かす。これをごはんに加え、しゃもじで切るように混ぜ、すしめしを作る。
3　桜てまりを作る。甘塩ざけを焼いて身を大きめにほぐす。ゆで卵の黄身も粗くほぐす。小鉢にラップを敷き、桜の花びらをイメージしながらさけのかけらを並べて、上にすしめし一口大（大さじ3ぐらい）を入れ、ギュッと茶巾絞りにし、形を整える。ラップをはずして、さけの真ん中にゆで卵の黄身をチョンとのせる。
4　かすみてまりを作る。3と同様にラップを敷いた小鉢の底に、白身魚の刺身1枚を置いて木の芽1枚をのせる。一口大のすしめしを入れて、茶巾絞りにし、ラップをはずす。

ごまごまから揚げ

黒ごま、白ごま、たっぷりまぶして香ばしく。

材料　2人分
鶏もも肉（大きめの一口大に切る）---1枚
A ┌しょうゆ・酒---各大さじ1
　 └おろししょうが---小さじ$\frac{1}{2}$
溶き卵---1個分
B ┌小麦粉---大さじ3
　 └片栗粉---大さじ1
黒ごま・白ごま---合わせて大さじ2〜4
焼きのり（2×3cm大に切る）---適量
揚げ油---適量

作り方
1　鶏肉をボウルに入れ、Aをもみ込んで15分ほどおく。溶き卵をもみ込んでさらに15分おく（←こうすると肉がふっくらする。時間＆気持ちの余裕がなかったら〝少しおく〞ぐらいでもいい）。
2　Bをもみ込み、ごまをまぶしつけて、のりを巻く。
3　小鍋に揚げ油を170℃ぐらい（＝乾いた菜箸を入れたとき、しゅわしゅわしゅわ〜と細かい気泡が出る温度）に熱して、2の鶏肉を入れ、4分ぐらいかけてゆっくり揚げる。鶏から出る気泡が小さくなってきたら、温度を少し上げてカラッとさせる。

scene

06：

夜遅くなった、夜ごはん

夜遅くなった／なぜならデートしてたからだ。中学生だった。小学校の同級生だった男の子と、暗くなってから小学校に行ってみた。どきどきして、秘密めいた気持ちだった。暗い夜の小学校。でも暗いと言っても今思えば、きっと夕方の6時とか7時、そんなもんだった／よく覚えてる。ツェッペリンのコンサートの帰りだ。興奮していた、初めてか2回目のライブだったから。私鉄の電車が終わっていて、手前の大きな駅で降りて、「ここに並んでる、くたびれた大人には絶対にならない」とアツく思いながら、はてしなく続くタクシー待ちの列に並んだ／なんてすてきなアイデアだろう。友だちはポットにコーヒーをいれて持ってきていた。大学生のころ、お金がなくて、電車に乗るのがもったいなくて、夕方から歩きはじめた。お茶ノ水から水道橋、市ケ谷、千駄ケ谷と川沿いをえんえんと。ときどきガードレールに寄りかかって、風が川面を走るのを見たり、星の明るさを比べたりして、ふたりでコーヒーを飲んだ／車に乗っていた。旅先だった。和歌山県の紀伊半島を横断するコースを選んだのだ。無謀だった。道なかばですでに真っ暗になり、細い林道のようなところをずーっと走った。深夜になっても、どこにもたどりつかなかった。カーラジオは唐突に北京語放送しか入らなくなった。きっとキツネにつままれていたんだ／けんかをした。「なんでよー」とわたしひとりが言いつのって、からんで、男の胸のあたりを肩をたたくみたいにボコボコボコとげんこつで打ち続けた。それまで黙ってジッとしていた男は、上から一発だけゴン、とわたしの頭のてっぺんを突いた。とたんに、プーとこぶがふくれたようだった。泣きながら裸足で部屋を出て、「強いもんだな男の力って」と思いながら近所をウロウロして、こそっと部屋に帰った／ぬいぐるみ劇団のアルバイトを終えて、どこか地方から帰ってくるところだった。黒い闇の中、中央道は赤いテールランプを数珠繋ぎにして、まるで終わりのない世界みたいに渋滞していた／夜遅くなる理由は山ほどある。でもわたしたちは、ちゃんと夜ごはんを食べなくちゃ。

野菜たくさんいり豆腐

夜遅くなって。ごはん食べたくない。野菜足りてない。そんなときに作るとっておき。

材料　1人分

にんじん---3cm
しめじ---1パック
さやいんげん---10本
木綿豆腐---1丁
サラダ油---大さじ$\frac{1}{2}$
A
- 砂糖---小さじ1
- 昆布茶---小さじ$\frac{1}{2}$
- 薄口しょうゆ・みりん---各大さじ$1\frac{1}{2}$

＊野菜は要するに、冷蔵庫にあるもの、なんでもいい。

作り方

1　にんじんは皮をむいて5mm角に切る。しめじは石づきを除いて小房に分ける。さやいんげんは2cm長さに切る。

2　フッ素樹脂加工のフライパンに油をよくなじませて、にんじん、しめじ、いんげんを中火で炒める。野菜がつややかになったら、豆腐もボコンと（水きりも何もせずに）入れて、木べらでくずしながら炒める。

3　Aを入れて、ぽろりとするまで炒め合わせる。

＊わたしはこれを一心に爆食することがしばしば。

うにバターごはん

夜遅くなって。心もおなかもさみしいとき。こんなの食べてサッサと寝ちゃうに限る。

材料　1人分

うに---好きなだけ（目安としては30～40ｇ）
バター---1かけ
焼きのり・ルッコラ---各適量
しょうゆ---少々
温かいごはん---茶碗1杯分
＊好みで練りわさびを添えて。

作り方

1　冷凍のうには、室温において半解凍ぐらいまでもどす。冷蔵の場合はそのまま使用。少し深さのある小さな器に入れて、バターをのせる。

2　フライパンか小鍋に湯を1cm深さに入れて沸騰させる。この中に1を器ごと入れ、ふたをして40秒～1分温める（←湯せんにかけて蒸す感じ）。

3　温かいごはんにのりとルッコラをちぎってのせる。この上に2のうにをのせ、しょうゆをたらり。

＊混ぜながら、しみじみと食べてください。

＊たまに、うちの冷凍庫にうにが入っていることがある。たいてい安っちいうにだけど。でも、ほんのちょっとだけ蒸すと、安いうにでも甘みが出てうまいことを発見。

scene

07：フライパンカレー

なんだろう、玉ねぎをあめ色になるまで炒めて、各種スパイス入れて、グツグツ煮込む〝てまひまカレー〟に飽きちゃったのかな。劇団のまかない時代、レストランの作り手時代、もちろん料理家になってからも、だいぶ作ってきましたから。それで気持ちの向かう方向が変わってきたのかな。2001年の夏前から、にわかに訪れたマイブームがフライパンカレー。

あれです。インドとか、わたしの愛するネパールという国では、料理のすべてがカレーなんです。肉のおかずも魚のおかずも豆のおかずも野菜のおかずも、全部がカレー味の煮込み。デイリーなおかずですから、彼らのカレーはチャッチャッと作れちゃう。で、すっきりさっぱりした味わい。毎日食べるおかずはそうでなきゃ、飽きるしね。そういうカレーがいいな、って思ったんです、2001年の夏あたりから。すごい猛暑だったし。キモチもそうだった。重たいものはどうもちょっとね、ってキモチ。あ、なまいきですか？

夏に熱、ふたりでいること

フライパンカレーはフライパンで作ります。15分ぐらいでできちゃうのもあり。市販のルウを入れずとも、カレー粉でコクのある本格味が作れるんです。コンソメを入れずとも、うまみ成分を持っている夏野菜のトマトなどの力で、きっちりおいしくできるんです。煮ていると、トマトが溶けて水けが上がってきて。さらに煮込むととろりっとしてテリが出てきて、油分とルウが分離してくる。そしたらOK、でき上がり。

そうだ、あそこの夏のページに載ってるようなカレーが、このフライパンカレーなんだよ。と思い出して、昔から大好きな絵本『おおきな　きが　ほしい』（さとうさとる・文／むらかみつとむ・絵　偕成社）をめくってみたら。大きな木の上に小屋を造った少年が、涼しい風が通る小屋の中で作っているのは、カレーじゃなくて、ホットケーキだった。でも、そんな感じのカレー。フライパンで、一口コンロで作れちゃうような。そういう身軽さ、自由さ、好きです。好きじゃないですか？

ラム肉のカレーをかけて。ごはんに粗びき黒こしょうをふった。
野菜も添える？　ざく切りキャベツ（大1枚分）を電子レンジで1分半加熱して、
塩少々、レモンの薄い半月切り2〜3枚であえたサラダがかんたん、おいしい。

炊きたてのごはんに以下を混ぜる。
塩ゆでした枝豆（2人分でカップ¼ぐらい）、
チャービルなどのきざんだフレッシュハーブ、バターと塩をほんの少し。

ラム肉のカレー

スパイシーなやつ。ガツンといきたいときに。男の子はこれだね。

材料　2〜3人分

ラム肉（鶏肉でも豚肉でもOK）- - - 200〜300g
A ┌塩 - - - 小さじ½
A │カレー粉 - - - 大さじ½
A └こしょう - - - 少々
玉ねぎ（粗みじん切り）- - - ½個分
トマト（2〜3cmの角切り）- - - 2個分
サラダ油 - - - 大さじ2
クミンシード - - - 小さじ½
カレー粉 - - - 大さじ2
B ┌プレーンヨーグルト - - - カップ⅓
B └おろしにんにく - - - ½かけ分
塩・こしょう・カイエンペッパー - - - 各少々
＊クミンシードは〝これぞカレー〟のいい香り。持っていなかったら、ぜひ1本。

作り方

1　ラム肉は食べやすい大きさに切って、Aをもみ込む。
2　フライパンにサラダ油とクミンシードを入れて中火で熱し、クミンからしゅわしゅわと小さな気泡が上がってきたら、玉ねぎを入れて透明感が出るまで中火で炒める。
3　ラム肉を炒め合わせ、カレー粉を加えてなじむまでよく炒める。トマトも炒め合わせたら水カップ1とBを加え、弱めの中火で約25分煮る。水分が足りなくなったら、水を足して。
4　塩、こしょうで味をととのえる。辛みが足りないようなら、カイエンペッパーを好みで加えて仕上げる。

えびと黄色パプリカのカレー

マイルドなやつ。約15分でできちゃう。女の子はこれでしょ。

材料　2〜3人分

えび - - - 8〜10尾
パプリカ（黄色）- - - 1個
玉ねぎ - - - ½個
にんにく - - - ½かけ
サラダ油 - - - 大さじ2
カレー粉 - - - 大さじ1
コーンスターチ - - - 大さじ1
生クリーム - - - カップ¼
塩・こしょう・レモン汁 - - - 各少々

作り方

1　えびは殻をむき、包丁で背を割って背わたをとる。パプリカはへたと種を除いて縦に1cm幅に切る。玉ねぎ、にんにくはみじん切りにする。
2　フライパンにサラダ油をひいて玉ねぎ、にんにくを中火で炒め、香りが立ったら、えびとパプリカを入れて炒める。えびの色が変わったらカレー粉をふり、水カップ1を加えて、中火で約10分煮て全体をなじませる。
3　塩、こしょうで味つけし、倍量の水で溶いたコーンスターチを少しずつ加えて、混ぜながらとろみをつける。生クリームを加え混ぜて、最後にレモン汁を加える。
＊わたしはパプリカの中で、黄色がいちばん好き。だって、フルーツっぽい味がしませんか？

野菜のカレー

じつは一番人気なやつ。カレー味で煮込んだ野菜はほんとおいしい。

材料　2〜3人分

じゃが芋---大1個
カリフラワー---$\frac{1}{2}$個
さやいんげん---50g
トマト---2個
玉ねぎ---$\frac{1}{2}$個
にんにく---1かけ
サラダ油---大さじ2
A
カレー粉---大さじ2
塩---小さじ$\frac{1}{2}$
しょうゆ---小さじ1
ウスターソース---大さじ1
B
チャツネまたははちみつ---大さじ$\frac{1}{2}$
塩・こしょう---各少々

作り方

1　じゃが芋は皮をむいて2〜3cm角に切り、サッとすすいでざるに上げておく。カリフラワーは小房に分ける。さやいんげんは3cm長さに切る。トマトはくし形切りにする。玉ねぎ、にんにくはみじん切りにする。

2　フライパンにサラダ油を熱して、にんにく、玉ねぎを中火で炒める。香りが立ったらじゃが芋を入れて表面がつややかになるまで炒め、カリフラワー、さやいんげんの順に入れて炒め合わせる。Aを加えて全体になじませ、トマトの半量と水カップ$\frac{1}{2}$を入れ、水分をとばすつもりで中火で約10分煮る。

3　じゃが芋に火が通ったら、トマトの残りとBを加え混ぜて、全体をなじませる。トマトの角がくずれるまで、さらに4〜5分中火で煮る。

カレーにはトッピングがあると楽しい。
たとえばカッテージチーズ。玉ねぎの薄切りを、甘酢（P.36〈枝元流＊酢のもと〉参照）十赤唐がらしの小口切りであえたもの。
きざんだナッツ。
ドライフルーツ。

scene

08：

夏うどん

　人気者なんです、このふたつの夏うどん。「あれ作りました、おいしかった」「好きでよく作るんですよ」と言っていただくことが、よくありまして。暑い夏のキッチンで、自分のお昼ごはん用に作りながら「よかったね。人気者なんだって」と、うどんに声をかけてやることもたびたび。で、つるつるとすすりながら思うんです。「人気者っていうのは、〝これで決まり！〟って感じの、スッキリと迷いのない風情(ふぜい)だなぁ」わたし、どちらかというと白黒ハッキリさせるのが苦手、迷いがちな人間なもので。夏うどんがうらやましい。

みょうがの酢漬けは、わたしの夏の定番ピクルス。夏にみょうがが安くなると、冷蔵庫にいつもこれが作ってある。味も好きだけど、色もすてき。植物の化学変化なのかな？　みょうがをサッとゆでて甘酢に入れると、きれいなかわいいピンク色になる。漬け汁までピンク色！　うどん以外の食べ方としては、きざんでカレーの薬味にする。おいなりさんのごはんに混ぜる。チャーハンや焼きそばに入れる。和風サラダの具にする。色は10日を過ぎると少しずつ落ちてくるけれど、冷蔵庫で1ヵ月ぐらいは平気でもつから、（くどいようですが）みょうがが安売りのとき＆時間のあるときに作っておくと便利。

みょうがの酢漬け

材料　2人分

みょうが---6個
だし昆布---4cm角1枚
[枝元流＊酢のもと]
A 米酢---カップ½
A 砂糖---大さじ3
A 塩---小さじ1

作り方

1　まずは[枝元流＊酢のもと]を作る。Aを耐熱ボウルに入れ、ラップをせずに電子レンジで30〜40秒加熱。よく混ぜて砂糖と塩を溶かす。[枝元流＊酢のもと]はこの分量で、米3合分のすし酢にもなる。みょうがの酢漬け以外のピクルスにも使える。

2　1を密閉容器に入れて、1〜2cm幅に切った昆布を加える。

3　みょうがは真ん中を1cmほど残し、根元と先端から1本ずつ切り込みを入れる。沸騰湯で40秒ぐらいゆでて引き上げ、熱いうちに2につける。30分くらいつけたら食べられる。

みょうがうどん

ちょっと酸っぱいところが好き。
食欲のないときでもこれなら!

材料　2人分
みょうがの酢漬け---6個
油揚げ---1枚
稲庭うどん---160〜200g
A ┌めんつゆ(つけつゆの濃度)---カップ$\frac{2}{3}$
　└みょうがの酢漬けの漬け汁---カップ$\frac{2}{3}$

作り方
1　油揚げはフライパンか網でこんがりと焼き、細切りにする。みょうがの酢漬けは斜め薄切りにする。
2　うどんを好みの固さにゆで、冷水にとってしめ、ざるに上げて水けをきる。器にうどんを盛って1の具をのせ、Aを合わせてかける。

豚せんうどん

クリスピーな豚せん、トマトの酸味とよく合うのも発見。

材料　2人分

豚せん（P.39）---150ｇ
トマト---小2個
玉ねぎ---¼個
ゆでうどん---2玉
A ┌めんつゆ（ストレートタイプ）---カップ½
　└酢・水---各大さじ2

＊辛（から）いのが好きだったら、Aに豆板醤（トウバンジャン）小さじ1を加えてもいい。好みで香菜（シャンツァイ）、粗びき黒こしょうを散らして。

作り方

1　玉ねぎは薄切りにして酢水（材料表外）に放しておく。トマトはくし形切りにする。

2　うどんは熱湯につけてほぐし、冷水でしめて水けをきり、器に入れる。

3　ボウルに豚せん、トマト、水けをきった玉ねぎ、Aを合わせて、うどんの上から汁ごとかける。

豚せんとは、つまりは豚せんべい。豚肩ロースの薄切り肉を、おせんべいみたいにパリパリに揚げたもの。衣が薄いから、火が通ると肉の脂が油の中に溶け出して、わりとさっぱりと食べられる。それが女の人にも人気の理由かな。揚げたてに塩をまぶすと、ビールのおつまみにぴったり。トマトや玉ねぎや三つ葉と一緒にポン酢しょうゆであえたサラダは、白いごはんによく合う。肉が薄いから、フライパンに1cm深さの少ない油で揚げられる。使用ずみの油は、空いた牛乳パックの中に新聞紙を詰めて、そこに油を吸い込ませて、ガムテープで口を閉じて捨てちゃえばいい。安くて手軽でおいしい揚げ物。

豚せん

材料　2人分

豚肩ロース薄切り肉 - - - 150 g
片栗粉 - - - 適量
揚げ油 - - - 適量

作り方

1　フライパンに揚げ油を1cm深さに入れて火にかける。乾いた菜箸(さいばし)を入れてみて、しゅわしゅわ～と細かい気泡(きほう)が出たら(＝180℃くらい)、豚肉の両面に片栗粉をまぶし、肉を広げた状態で油に入れる。フライパンいっぱいに肉を入れてOK。

2　パリッとしてきたら裏返して、裏面もパリッと揚げて、ペーパータオルを敷いた皿か新聞紙にとる。揚がったものを引き上げたら、次の肉に片栗粉をそのつどまぶし、次々に揚げていく。

09：どこにも行けない夏

おいなりさん

ゴーヤと豆腐のサラダ

枝豆寒天

10：友だちが泊まった、その翌日

新しょうが茶めし

夏おでん

冷蔵庫ぬか漬け

コーンミルク

11：友だちが帰った、その翌日

玄米ごはん

かぼちゃと切り干し大根の煮物

いんげんのしょうがあえ

晩酌プレート

おとなの夏休み＊3DAYS

scene

09 :: どこにも行けない夏

どこにも行けない夏、
やっぱり同じようにどこにも行けない友だちと遊ぶことにした。
「どこにも行けないにしても。どこに行く？」
「動物園！」
「でもさ、夏の動物園って、動物がダレてない？」
「言えてるね。じゃあ近所の公園！」
「そうしよ、それがいい」
「じゃあさ、おいなりさん、作る。
おいなりさんとシードル、
わたしの近場ピクニックの定番なんだよ」
「なんでまたシードル？」
「子供の頃は
りんごジュースとおいなりさんだったのが、
大人になってシードルに進化しただけ」
「わたしたちって、
その程度の大人になり具合だよねぇ」

近場ピクニックmenu
おいなりさん
ゴーヤと豆腐のサラダ
枝豆寒天
シードル

おいなりさん

材料　8個分
油揚げ---4枚
[煮汁]だし汁カップ$\frac{2}{3}$　砂糖大さじ1$\frac{1}{2}$
　しょうゆ・みりん各大さじ3～3$\frac{1}{2}$
[すし酢]米酢カップ$\frac{1}{3}$　砂糖大さじ2
　塩小さじ$\frac{2}{3}$
みょうが---2個
米---カップ1$\frac{1}{2}$
だし昆布---5cm角1枚
枝豆（ゆでたもの）---カップ$\frac{1}{4}$
＊みょうがの酢漬け（P.36）が作ってあれば、それを使おう。

●みょうがの酢漬け入りなんだよ。夏向きに酸っぱ甘くしてみたわけ。

油揚げを甘辛く煮る。油揚げは菜箸(さいばし)を押しつけるようにして転がすと、中の繊維がほぐれて開きやすくなるんだ。半分に切って袋状に開き、熱湯で2分ゆでて水けを絞る。これを煮汁の半量と一緒に鍋に入れて、落としぶたをして中火で10分煮る。上下を返して残りの煮汁を加え、落としぶたをしてさらに10分、煮汁がなくなるまで煮る。

すし酢を作るのはかんたん。調味料を耐熱ボウルに入れて、ラップをせずに電子レンジで40～50秒加熱。よく混ぜて砂糖を溶かせばOK。

みょうがはサッとゆでて「みょうがの酢漬け」の要領で、温かいうちにすし酢の$\frac{1}{3}$量につけておく。

ごはんはだし昆布をのせて炊飯器で普通に炊けばいいの。炊き上がったら10分蒸らし、残りのすし酢をしゃもじで切り込むように混ぜてすしめしにする。で、汁けをきってきざんだみょうがの酢漬け、枝豆を混ぜる。8等分にして油揚げに詰める。

これでおいなりさんの完成！

ゴーヤと豆腐のサラダ

材料　2人分
ゴーヤ---$\frac{1}{2}$本
木綿豆腐---$\frac{1}{2}$丁
┌しょうゆ---大さじ$\frac{1}{2}$
A赤唐がらし（小口切り）---1本
└太白ごま油---適量

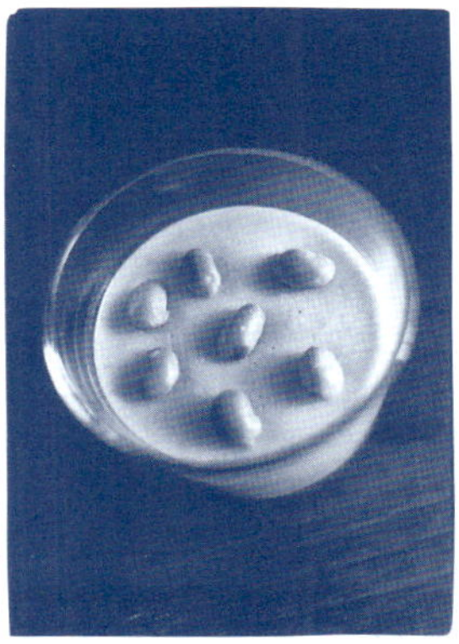

●炒めるだけじゃない、ゴーヤはサラダにしてもグーなのよん。といっても生ではやはり苦い。サッと下ゆでするのがコツ。

ゴーヤを縦半分に切って、スプーンで種をしゅ～っととる。この作業、気持ちいいよ。薄切りにして、塩ひとつまみを入れた沸騰湯でサッとゆでて（30秒～1分）、網じゃくしか何かで引き上げて、すぐに氷水にとって一気に冷ますの。で、水けを絞って、すぐにAの調味料であえる。

豆腐をゆでる。ゴーヤをゆでた湯に豆腐を手でくずしながら落として。ふわ～っと沸騰したらざるにあけて、シャッシャッシャッと水けをしっかりきって、そのまま冷まし、ゴーヤと一緒にAの調味料であえるんだ。

枝豆寒天

材料　4人分
枝豆---さや入りで約300 g
＊さやから出した状態ならカップ$1\frac{1}{3}$
＊ゆでてさやから出した状態なら150 g
牛乳---カップ1
粉寒天---1袋（4 g）
グラニュー糖---大さじ6

●枝豆のうまみをギュッと凝縮したデザート。ペパーミント色もかわいいでしょ。

枝豆を普通にゆでる。さやから豆を出して、飾り用に15～16粒ぐらいとりよけておく。残りは牛乳と一緒にフードプロセッサーにガーッとかけて、なめらかにすりつぶしちゃう。

粉寒天を溶かす。鍋に水カップ1を沸かしてその中に入れて。再び沸騰したら中火にして、30秒～1分ふつふつと煮てからグラニュー糖を混ぜ、完全に溶かす。

すりつぶした枝豆も加えて、ムラがないように混ぜて火からおろす。粗熱がとれたら好きな器に入れて、冷蔵庫で30分ぐらい冷やすのね。そうすると少し固まりかけるから、飾り用の枝豆をポンポンポンと上にのせて、また冷蔵庫に入れて完全に冷やし固める。

固まったら、一口大の角切りにしておくと食べやすい。

scene

10 :: 友だちが泊まった、その翌日

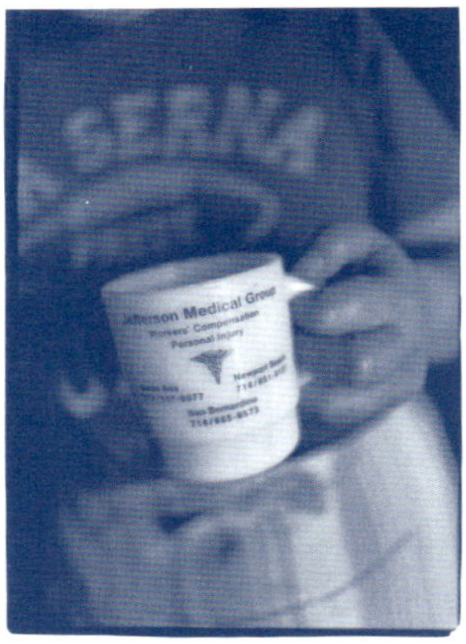

友だちが泊まった。
昨日は公園へ近場ピクニックに出かけたあと、
商店街のしょぼい居酒屋でふたりで死ぬほど飲んじゃって。
だから起きたの、午前10時過ぎだった。
もうだいぶ暑くなっていたけどね。
コーヒー飲みながらさらにウダウダして、だらだら話して。
「おなかすかない？」
「う〜ん、もうちょっとしたらすくかも」
「今考えてたんだけどさ、あのさ、あとでさ、
新しょうが入りの茶めしを作るよ。麦茶で炊くんだよ」
「へぇ、おいしそう。それなら今すぐでも食べられるかも」
「なーんだ。じゃ、作りはじめよう」
「手伝うね。何したらいい？」

夏定食A
新しょうが茶めし
夏おでん
冷蔵庫ぬか漬け

夏休みの実験
コーンミルク

新しょうが茶めし

材料　3〜4人分
米---カップ2
新しょうが---大1かけ(50ｇ)
だし昆布---5㎝角1枚
麦茶---カップ2
塩---小さじ$\frac{1}{2}$〜$\frac{2}{3}$

●麦茶で炊くのだ。味？　さっぱりとする、ような気がする。これは濃いめに出した麦茶で炊くのがおいしいの。冷茶用パック1個を500㎖の水につけておくぐらいが、茶めしにちょうどいい濃度だと思う。

米は炊く30分前にといで、ざるに上げておく。

新しょうがは皮をゴシゴシよく洗う。繊維にそって縦に薄切りにして、重ねて端から細いせん切りにする。

米、だし昆布、麦茶を炊飯器に入れて、新しょうがをのせて普通に炊く。10分蒸らしてから、塩を好みで加えて、しゃもじでさっくりと混ぜる。

ちなみに、麦茶の冷しゃぶもおすすめよ。煮立てた麦茶に肉をサッとくぐらせて。香ばしい香りで食欲がわく。味？　さっぱりとする、ような気がするよ。

夏おでん

材料　2〜3人分
冬瓜---$\frac{1}{4}$個(300〜400ｇ)

むきえび---150 g
A：長ねぎ(みじん切り)7cm分　しょうが(みじん切り)小さじ1/2　片栗粉大さじ1　酒大さじ1/2　塩小さじ1/3　こしょう少々　卵白大さじ2
はんぺん---1枚
B：水カップ5　だし昆布7cm　削り節10 g
塩---小さじ1
みりん---大さじ1
薄口しょうゆ---少々

●新しょうが茶めしに合うのは、冷たくてもおいしい夏おでん。具も3品でシンプルに。さっぱり、すっきり、がいいよね。

冬瓜は縦半分に切って、真ん中にある種をスプーンですくいとり、皮をむいて4〜5cm角に切る。

えびだんごを作る。むきえびを塩水で洗い、水けをふきとって包丁で細かくたたいて、Aの材料と混ぜる。

はんぺんは4等分に切っておく。

だしをとる。Bの水とだし昆布を鍋に入れて中火にかけて、沸騰直前に昆布がぐらりときたら引き上げて。削り節を入れたストレーナーを沈め、菜箸(さいばし)で削り節をゆすりながら2〜3分中火で煮出し、ストレーナーごと引き上げるんだ。

冬瓜をだし汁に入れ、塩とみりんを加え、落としぶたをして中火で20分煮る。

えびだんごのたねをスプーン2本ですくいとり、丸く形を整えて冬瓜の鍋に入れる。落としぶたをして中火で10分煮る。味をみて、薄口しょうゆで味をととのえる。

最後にはんぺんを加える。中火で温めて、はんぺんがふんわりしたら、はい、でき上がり。

冷蔵庫ぬか漬け

[ぬか床の材料]
生ぬか---1kg
水---カップ4
塩---120 g
赤唐がらし---3〜4本
昆布茶---大さじ2
にんにく(薄切り)---2かけ分
[捨て漬け用]
キャベツの外葉・にんじんの皮・青菜などのはんぱ野菜---適量

＊きゅうり、大根、クレソン、アボカド、黄色いパプリカ、マッシュルームなど、好みの野菜をつけて食べる。

●ふふふふ、秘密兵器。ぬか漬けって、すごくえらいと思うんだ。からだを元気にしてくれる醗酵食品だから、シャキッとしたい夏の朝食にぴったり。友だちが来たときなんかに、ビールのつまみに出したりすると、えらく感動されるし。男なんてイチコロよ～(たぶんね)。

でも管理が大変そう？　トンデモナイのでございます。ぬか床を密閉容器に入れて、冷蔵庫で保存すればいいんだ。それで残り野菜やはんぱ野菜をつけておくだけで、火を使わずに料理が1品できちゃうんだよ。わたしなんか、クレソン、アボカド、黄色いパプリカ、マッシュルーム……。洋野菜もかまわずぬか漬けにしてるもんだから、数種類を盛り合わせると、なんだかおしゃれなサラダめいた一皿ができちゃう。しかもノンオイル。ヘルシーこのうえなし。

ぬか床は市販品でもいいし、自分でもわりとかんたんに作れる。

水と塩を鍋に入れて中火にかけ、塩が溶けたら火からおろして冷ます。大きめのボウルに入れた生ぬかにこの塩水を2～3回に分けて加え、そのつど底からまんべんなく混ぜる。ほかの材料もすべて入れて混ぜる。これがぬか床。大きめの密閉容器に移して、冷蔵庫で保存する。

キャベツの外葉、にんじんの皮、青菜なんかを、最初の4～5日は日替わりでつけるんだ。これは〝捨て漬け〟といって、捨てちゃってもいい野菜、ぬか床の風味をよくするためのものなのね。それ以後は好きな野菜(きゅうり、大根、にんじんなど)を半日～1日程度つけて食べる。

ぬか床は毎日1回、必ずかき混ぜる。このルールさえ守ればいいのである。

ぬか漬けの進化

●自分のぬか床を持ったら、固くなったパンをちぎって加えたり、ヨーグルトや白ワイン(いずれも醗酵食品なり)を加えたりしてもよいと、テレビ番組の中で伝承料理研究家の奥村彪生(あやお)先生に習った。実を言うと、その番組の中で作ったのをいただい

たのが、わたしの初代のぬか床。でも、ぬかみそって人と同じみたい。〝生まれ〟よりも、〝どのように育ってきたか〟にかかってくるみたい。

うちのぬか床はその後、とうもろこしのカス(←コーンミルクを作ると大量に出る)を食べてグンとおいしくなった。友だちの家のは桃の皮、柿の皮を入れることでおいしくなったと聞いた。「どうやって立派なぬか床を育てようか」という楽しみもあるんだよね。

夏休みの実験→コーンミルク

●あのね、この間ね、高級中華料理店にお呼ばれで行ったのね。そしたらさ、すごいんだよ。一皿目から最後のデザートに至るまで、つばめの巣やら伊勢えびやら熊の手やらふかひれやら、もぉ、高級食材がめじろ押し。高級なものって、たまにちょっと食べるからいいんだねぇ。あまりにも豪華なものが次から次に出てきたもんだから、頭と気持ちがいっぱいになっちゃって、途中から自分が何を食べているのか、わかんなくなってきた。それで考えたんだ、円卓に居並ぶ高級料理を前にして「本当にぜいたくな食べ物ってなんなんだろう」って。で、そのとき、頭の中に浮かんだのがコーンミルクだった。

とうもろこし2本をゆでるか蒸すかする。いずれにしても20〜30分かけて火を通して、甘みを引き出すようにするんだ。そしたら包丁で縦にザクザクと実をこそげて、フードプロセッサーに入れる。水カップ½も一緒に入れてすりつぶす。これをガーゼに包んでギューッと絞る。

と、ほらね、黄色いコーンジュースがとれるのよ。ちょいと飲んでみて。甘いでしょ？　味が濃いよね。

これって、高級食材を惜しげもなく使う料理よりも、最高にぜいたくなもののような気がわたしはする。とうもろこし2本でカップ1杯分ぐらいしかとれなくて、絞りカスもこんなにたくさん出ちゃって、経済効率(？)悪いじゃないの。しかも絞るの、すごく大変でさ。で、その結果できるのは、シンプルで混じりけのない、太陽から絞ったみたいな黄色い甘いミルクなの。ねっ、これって最高にぜいたくな食べ物だと思わない？

ゆうべ、友だちは帰った。それでまた、ひとりの夏休みだ。
時間はたっぷりあるからね、
今日は遅め朝ごはんに玄米を炊いた。
夏になると、なんか食べたくなるんだ、玄米ごはん。
夏ってほっとくと、そうめんとかばかり食べちゃうから、
「たまにはしっかり、きちんと、ごはん食べなきゃ」
って気持ちが玄米を選ぶみたい。
で、そうやって朝をしっかり食べると、
すでに早くも反動がきて、
夜はビールと適当なおかずですませちゃったり。
わびしい、かな?
でも、そんなテキトーなごはんも好きだ。
本読んだりしながら食べるの。
夏の夜にひとりで。
寂しさを味わうのも嫌いじゃない。

scene 11 :: 友だちが帰った、その翌日

玄米ごはん

材料　3〜4人分
玄米---カップ2
水---480mℓ(玄米の1.2倍量)
塩---少々
＊玄米に黒ごまをかけて食べると栄養のバランスがいいらしい。

●なぜか夏に食べたくなる。香ばしくておいしいもんだな、って思う。
玄米はとがなくていい。水でサッとすすいで、水けをきって圧力鍋に入れる。分量の水と塩も入れて30分以上、できれば2時間ぐらいおくといい。
ふたをして強火にかけて。沸騰して蒸気がしゅわしゅわ上がってきたら、そのまま1分強火にかける。で、弱火にして20分炊いて、火を止めて15分蒸らす。蒸気栓から完全に蒸気を抜いてから、ふたを開けてさっくり混ぜる。
炊飯器でも炊ける。米、水、塩を内釜に入れて6時間以上おき、玄米モードがあればそれで、なければ普通に炊く。
発芽玄米(市販品)なら浸水時間を余分にとらなくても、白米と同じように炊いてOK。玄米初心者には、白米と発芽玄米を半々ぐらいに混ぜて炊くのもおすすめ。マイルドで食べやすい。

かぼちゃと切り干し大根の煮物

材料　2〜3人分
切り干し大根(乾燥)---20g
かぼちゃ---1/4個
豚肩ロース薄切り肉---80g
サラダ油---大さじ1/2
A
┌砂糖---小さじ1
│みりん・しょうゆ---各大さじ2
└だし汁---カップ1

●玄米に合うしみじみ系のおかず。
切り干し大根はサッと洗って水に5〜10分つける。柔らかくもどして水けをギュッと絞って5〜6cm長さに切る。
かぼちゃは3〜4cm角に切る。
豚肉は食べやすく切る。
鍋に油を熱して、かぼちゃ、切り干し大根、豚肉の順に入れて、中火でよーく炒め合わせる。切り干し大根はよく炒めることで、甘みが出るから。Aを加えて落としぶたをして、中火で10分煮る。
煮物は多めに作ったほうがおいしい。夕飯に食べてもいいしね。

いんげんのしょうがあえ

材料　2〜3人分
さやいんげん---50g
しょうが(薄切り)---2〜3枚
薄口しょうゆ・酢---各大さじ1/2
削り節---適量

夏定食B
玄米ごはん
かぼちゃと切り干し大根の煮物
いんげんのしょうがあえ

夏定食C
晩酌プレート

●野菜も食べなきゃ。これは毎日食べても飽きないほど好きなおかず。

さやいんげんは固めにゆでる。塩少々を入れた沸騰湯で。氷水にとって手早く冷まし、水けをきり、へたを落として3cm長さの斜め切りにする。

しょうがの薄切りは重ねて細切りにして、ボウルに入れる。薄口しょうゆ、酢、削り節を混ぜて、さやいんげんをあえる。

晩酌プレート

材料　2人分
[なすの南蛮みそ]
なす---2本
サラダ油---大さじ2
青唐がらし---5〜10本
＊青唐がらしが手に入らないときは、赤唐がらし1/2〜1本で代用してもいい。
みょうが---3個
A┌砂糖---小さじ2
　└みそ・みりん---各大さじ2
[ししゃも＋万願寺唐がらし]
ししゃも---4尾
万願寺唐がらし---6本
[ぬか漬け]
アボカド・長芋のぬか漬け---各適量

●夜はね、軽くいきたい。料理っていうか、好きなつまみをワンプレートに盛り合わせて。ぷは〜っとビールがすすむ組み合わせ。

まずは冷蔵庫から、なすの南蛮みそを出して。これ、夏はいつも多めに作って常備菜にしてる。酒のつまみにはもちろん、ごはんや冷ややっこにのせたり、そばやそうめんの薬味にしてもおいしい。作り方はかんたん。

なすの南蛮みそを作る。なすの皮をむいて5mm角に切り、塩水に2〜3分つけてあくをぬく。フライパンにサラダ油をひいて、水けをきったなすと、小口切りにした青唐がらしを中火で2〜3分炒める。なすが油を吸ってしんなりしてきたところでAを加えて、水カップ1/3と細かくきざんだみょうがも入れて、水分がなくなるまで弱火で炒め煮にする。これで完成。水分をしっかりとばすように炒めれば、冷蔵庫で2〜3日はもつ。

焼き物を2種類用意。万願寺唐がらしに竹串で空気穴をあけて、グリルか焼き網でサッと焼く。ししゃもをこんがりと焼いて。一緒に盛り合わせる。

あと、ぬか漬け。冷蔵庫のぬか床から、アボカドと長芋の漬物を出して。軽く洗ってぬかを落とし、食べやすく切って皿に盛る。アボカド、長芋をぬか漬けにするときは、もちろん皮をむいた状態でつける。どちらも浅漬けよりも、1日以上しっかりつけたほうがおいしいんだ。とくにアボカドはチーズみたいな風味になって、なかなかイケる。

scene
12：エッチなリブ

スペアリブ

奥のほうまで届くように。濃厚なたれにつけて。

材料

スペアリブ---800g
玉ねぎ---1/4個
にんにく・しょうが---各1かけ

A
- しょうゆ・オイスターソース・マーマレード---各カップ1/4
- ケチャップ・酒---各大さじ2
- カイエンペッパー・コリアンダーなど好みのスパイス---各小さじ1/2
- ローリエ---2枚

作り方

1　玉ねぎ、にんにく、しょうがはすりおろし、大きなファスナーつき保存袋（あるいは二重にしたポリ袋）に入れて、Aをすべて加えて軽く混ぜる。そこにスペアリブを入れ、1晩つけおく。

2　オーブンの天パンにサラダ油大さじ1をひいて（←カリッとさせるため）1のスペアリブを並べ、200℃に温めておいたオーブンで20分焼き、180℃に下げてさらに10分焼く。

すべてが紫色に染まる夏のゆうべ。闇がすぐそこまで迫る頃。クーラーがきかない部屋で、電気をつけずにキャンドルを灯した。裸足の指のペディキュアがはげていても、テーブルにクロスは欠かせない。汚れて捨てるのを覚悟で、あえて上等のリネンを奮発して。飲み物は何？　ウオッカなら冷蔵庫で冷えているし。ワインならメルロー系のビロードみたいな舌ざわりのやつ。グラスはデュラレックスがいい。手のひらで支えていたいから。

朝からつけ込んでおいたリブは、濃厚なたれの中に埋もれている。バーベキューソースみたいな、ちょっぴり下卑た配合の味つけ。さっき、たれから拾い上げて天パンに並べてオーブンに入れたから、もうじき焼けるはずよ。わたしは今頃になって、恵比寿の古着屋で買った古いイタリア映画の女みたいな、ぱつんぱつんのワンピースを着ていることを後悔してる。似合っていないかもしれない。いくら赤い口紅をつけたって。髪は熱にあおられておかしな形になっているし。今夜の気分に負けそうな自分をやっつけるために、グラスのワインを飲み干す。オーブンからリブの焼けた匂いがする。ニーナ・シモンのレコードをかけて、男がテーブルにもどってきた。腹減ったな、ぶっきらぼうに言う。もういいかもね、わたしは渇いた喉で答える。

テーブルに運んできたリブは、野蛮な骨をおおった褐色の肉のかたまり。熱帯の果実のような、甘くけだるい匂いを部屋にふりまく。指で骨をつかんでほおばる。歯が肉にしずむ。薄い膜をそらせて肉がはがれる。唇が脂で濡れる。噛み切ろうとすると歯の間から、スパイスと肉汁の味があふれ出てきた。手の甲でそれをぬぐう。ついでに舌をアルコールで洗おうと、デュラレックスを口に運ぶ。グラスのふちが口紅と肉汁と脂で濁って。急に。激しい音が音楽を消した。水滴が湧き出たようにアスファルトにあたってはねかえる、スコールのような雨だ。ふたりがいるこの世界の、まわりがどっぷり濡れそぼって。せつなさが急に襲ってくる。ふたりに、同時に。

「エッチな料理っていうのもあるよねぇ」「たとえば山田詠美の小説に出てくるみたいなのね」と、以前、ある本を作るときに人と話したことがある。それに近いイメージで。枝元的妄想のエロティックな料理。

秋に心、あのひとを想って

scene

13：

森の掟（おきて）

きのこと栗と鶏の蒸し煮

森の食べ物。秋の森にいる気分で食べる。

材料　4人分

しめじ、まいたけ、しいたけ、マッシュルーム、
エリンギなどのきのこ---合わせて500g
栗---16個
鶏もも肉---1枚
オリーブ油---大さじ1
バター---20g
白ワイン---カップ1/2
A
- 水---カップ1/2
- 塩---小さじ1/2
- はちみつ---小さじ1
- ローリエ---1枚

塩・こしょう---各適量
＊栗をむくのが大変なら、むき栗を使ってもいい。好みでイタリアンパセリを散らして。

作り方

1　栗は包丁で渋皮までむく。しめじとまいたけは石づきを除いて小房に分ける。しいたけとマッシュルームは軸を除いてそれぞれ二つ〜四つ割りにする。エリンギは長ければ半分の長さに切る。

2　鶏肉は10〜12切れの一口大に切り、塩、こしょうをふっておく。

3　厚手鍋かフライパンにオリーブ油を熱して、鶏肉を皮側から強火で焼く。焼き色がついたら裏返し、色が少し変わったらバターを加え、きのこを入れて炒め合わせる。油分がなじんだら栗を入れて白ワインをふり、煮立ててアルコールをとばす。

4　Aを入れてふたをし、弱火で30分ほど蒸し煮にする。鍋によって水分の蒸発が異なるので、途中で鍋底から混ぜて水分量をチェックしながら煮て。最後にふたをとり、火を強めて木べらで混ぜながら汁けをとばし、塩、こしょうで味をととのえる。

＊耐熱のふたつき鍋があれば、鍋ごとオーブンに入れて蒸し煮にしてもいい。190℃で30〜40分。

不思議な森の中で。
同じ大きさのリスやゾウやコオロギが
淡々と"自分"を生きている
『だれも死なない』(トーン・テレヘン著
メディアファクトリー)は
秋におすすめの一冊。

森に毎日のように通っていたことがある。ほかにこれといって、娯楽もなかったし。そろそろきのこが出てくる季節だったから。スウェーデンの小さな町。その国では何番目かの大きさの街だったけれど、道沿いの木には小さなりんごがなっていて、そこいらじゅうに赤い実をつけたラズベリーが自生していた。外に出かければ、すぐに森に行き当たった。いろんな森があった。男が帰ってくると散歩に出かけた。20年も前のかわいらしい曲線のボルボで森の入り口まで行って。車を置いて、ふらふらと森に入っていく。たとえば針葉樹の森。地面に落ちた松葉のような葉が、腐らずに長い間積もってふかふかしていた。

夏の終わりに、森の中の湖のほとりにテントをはった。火を焚いてごはんを作ったあとで、男は何遍も何遍も湖の水を汲んで、執拗に焚き火に水をかけ、何遍も何遍も靴で焚き火の跡を踏んだ。こうしなければだめなんだ、と言っていた意味は翌朝わかった。その森一帯、ふかふかの地面に思えるのは、本当に厚みのある針葉樹の堆積だった。明け方に少し降った雨も、ゆうべ何遍も水をかけて踏みつけた男の行為も、針葉樹の落ち葉の厚みにはとうていかなわないのだ。白い朝の空気の中で、小さな小さな火が地面の中に、蛍の光のような大きさで見えていた。地面の奥深いところに小さな埋み火が、まだくすぶっていたのだ。

葉が腐らずに積もっていく寒い土地だ。

極東の島国とは、遠く離れた寒い土地の森だ。

スウェーデンの森で、きのこのとり方を男に教わった。きのこは森にすむ虫たちの大事な食べ物でもある。栗の実の中に小さな虫がいるように、大きなきのこも虫食いだったりする。だからきのこをみつけたら、森の中で、その場で、ナイフを使って縦割りにする。あんまり虫食いがひどければ、その場に捨ててくること。そうすれば虫たちは、さらにきのこを食べ続けられるし、落ちた胞子から次のきのこが生まれる。だからキッチンに持って帰ってから捨ててはいけない。そういうことを知っている男をわたしは尊敬していた。きのこは蒸し煮にするのがいちばんおいしい。それも男から教わった。

そのあと、日本の森や、南の島の森や、砂漠地帯のさびしい森にも行った。いろんな森に行って、いろんなことを思って、いろんなことを忘れて。森の力、森の掟、と、ある日唐突にノートに書いたのは何年もたってからのことだ。

きゅうりとクリームチーズのサンドイッチ

スーパーシンプル。一番好きとも言える組み合わせ。

材料　2人分
ローフ型ライ麦パン（好みのパンでOK）---4枚
きゅうり---1本
A［塩---小さじ1/4
　 酢---小さじ1/2
クリームチーズ---40g
マスタード---大さじ1
＊クリームチーズは20g入りのポーションタイプが使いやすいと思っています。使いかけたところから傷むことがないので。

作り方
1　きゅうりは斜め薄切りにする。バットに並べ、Aをふって3〜4分おき、出てきた水けをペーパータオルなどでおさえる。
2　パンの片面にクリームチーズとマスタードを塗り、1のきゅうりを均等にのせ、サンドする。
＊きゅうりの水出しをきちんとするのが、おいしさのポイント。サンドイッチ作りに手間を惜しんではいけない。

あめ色玉ねぎのオープンサンド

自宅カフェテイスト。女泣かせの甘いやつ。

材料　2人分
ポケットブレッド（ピタパン）---1個
玉ねぎ---1個
サラダ油---大さじ2
ゆで卵（くし形切り）---1個分
アンチョビ（ちぎる）---3枚
オリーブ油---少々
イタリアンパセリ、チャイブなどのフレッシュハーブ---少々
＊パンはサンドイッチ用食パン、薄く切ったバゲットなどでも。

作り方
1　玉ねぎを薄切りにし、耐熱皿にのせてラップをかけ、電子レンジで10分加熱する。
2　フッ素樹脂加工のフライパンにサラダ油を熱して1を入れ、水分がとぶまで強火で炒める。少し色づいて焦げやすくなってきたら中火にして、あめ色になるまでさらに10〜15分炒める。
3　パンの厚みを半分に切り、トースターでカリッと焼いて、オリーブ油を薄く塗る。2のあめ色玉ねぎ、ゆで卵、アンチョビをのせる。上にちぎったハーブを散らす。
＊あめ色玉ねぎの通常の炒め時間は40分〜1時間。その点、枝元方式は最初に電子レンジにかけることで、炒め時間短縮化に成功。多めに作って、1回分ずつ冷凍しておいても超便利。

scene

14：サンドイッチの利点

サンドイッチの利点といえば？

何かをしながら食べられるところ。

窓辺で、どんどん高くなる秋空を見上げながら食べられる。

古いジャズを聴きながら、

村上春樹の本を読みながら食べられる。

愛してる町田町蔵のCDを聴きながら、

町田康の本を読みながら食べられる。

トランプしながら食べられる。

レシピを書きながら食べられる。

手をつなぎながら食べられる。

サンドイッチの利点といえば？

コンパクトでパーフェクトなごはんなところ。

だってハンバーガーをバラバラにしてごらん。

パン＝主食、ハンバーグ＝主菜、

レタスやトマトやオニオン＝サラダ、

ピクルス＝漬物の4皿だよ。

立派な夜ごはんの献立だ。

それが片手で食べられるなんて、

たいした発明だと驚くでしょう？

フルボリュームのサンドイッチ

ハングリィ対応。ベリィベリィミックス！

材料　2人分

イギリスパン（好みのパンでOK）---4枚
スライスベーコン---4枚
卵---1個
なす---2本
レタス---1枚
トマト---1個
ルッコラ---適量
オリーブ油---大さじ1
塩・こしょう・バター・マスタード---各適量
マヨネーズ・ケチャップ---各適量

作り方

1　なすは縦4等分の薄切りにし、塩水に1～2分放してペーパータオルで水けをおさえる。レタスは4つに切る。トマトは4枚の輪切りにし、種が多ければざっとよける。卵は溶きほぐして、塩、こしょう各少々を混ぜる。

2　フライパンにオリーブ油を熱し、なすの両面を中火で焼いて、しんなりしたら取り出す。次にベーコンを入れ、両面をカリッと焼いて取り出す。最後に溶き卵を流し入れて薄くのばし、表面が固まったらフライ返しなどで半分に切り、それぞれを裏返して裏面もサッと焼く。

3　パンを軽くトーストして片面に薄くバターを塗り、2枚にはマスタードも塗る。

4　バターを塗ったパンにレタスをのせて、マヨネーズを細く絞りかける。トマトをのせて塩少々をふり、なすをのせてケチャップを細く絞る。卵、ベーコン、ルッコラをのせてマスタードつきのパンでサンドする。

＊厚みがあるので、お弁当にはアルミホイルでギュッと包んで持っていこう。

すごおくすごーくおなかが減っていた高校生のとき、

とにかくおなかにいっぱい詰め込みたくて。

冷蔵庫あけて、なすとかベーコンとか卵とか

焼けるもんは順番に焼き、

生で食べるもんは適当に切り、

パン2枚で全部をはさんで、

手でギュッとおして口にほおばる

フルボリュームのサンドイッチをよく作って食べた。

すんごく、おいしかった。

すんごく、おなかいっぱいになるんだよ。

サンドイッチの利点といえば？

どこでも食べられるところ。

シンプルなやつでも、フルボリュームのやつでも。

秋のかばんにサンドイッチが入っていると、

とてもいい気分。

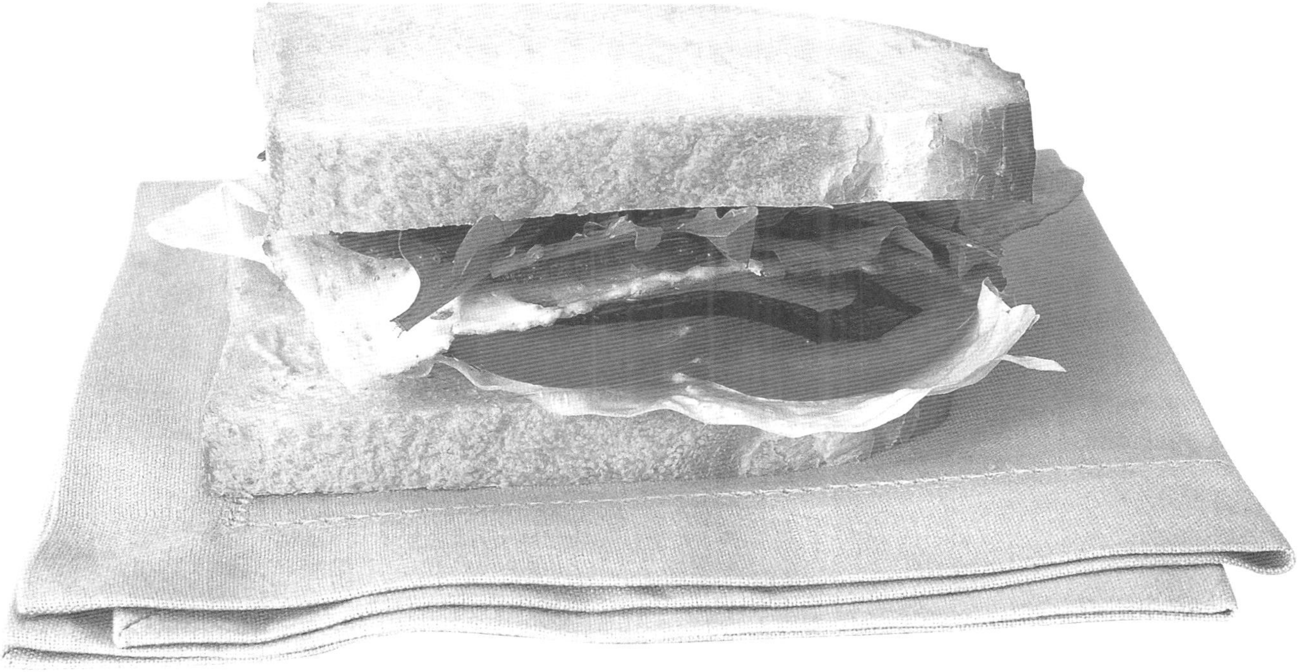

TOMATOES

scene
15：クスクスはいい食べ物だと思う⇒⇒⇒⇒⇒⇒

クスクスのハリーラがけ

ハリーラはアラブ風のシチュー。わたしのアウトドアクッキングメニュー。

材料　4人分

クスクス---カップ$1\frac{1}{2}$
塩---小さじ$\frac{1}{2}$
バター---20g
[ハリーラ]
シチュー用肉（牛肉、豚肉、羊肉など）
　---500g
A
- 塩---小さじ1
- 粗びき黒こしょう---小さじ$\frac{1}{2}$
- 赤ワイン---カップ1
- ローリエ---1枚
- にんにく（半分に切る）---ひとかけ

スープの素（固形）---1個
ひよこ豆の水煮缶---1缶（300g）
にんじん---1～2本
玉ねぎ---1個
セロリ・ズッキーニ---各1本
パプリカ（赤、黄色など）
　---計2個
トマトの水煮缶---1缶（400g）
B
- 塩・こしょう---各適量
- はちみつ---小さじ1
- クミン・コリアンダー・カイエンペッパー・チリパウダー---各小さじ$\frac{1}{2}$

オリーブ油---大さじ1～2
＊好みでイタリアンパセリを散らして。

作り方

[家での下準備]

1　肉を2cm角に切って、Aの塩とこしょうをもみ込んでから、ファスナーつき保存袋に入れる。Aのほかの材料を加えて袋の上から混ぜ、1時間以上つけ込む。

2　1を汁ごと鍋にあけて水カップ3を加え、強火で煮立てる。あくをすくって弱火にし、スープの素を入れ、ふたを少しずらして1時間～1時間半煮る。粗熱がとれてからファスナーつき保存袋や密閉容器に入れて、アウトドアに持っていく。

3　ひよこ豆は水けをきって、一度ゆでこぼしておく。

[現地で作る]

4　ハリーラを作る。にんじんは皮をむいて縦四つ割りにしてから、小さめの乱切りに。玉ねぎは8等分のくし形に切る。セロリは2cm長さの小口切りに、パプリカは一口大に、ズッキーニは縦四つ割りにしてから、2cm厚さに切る。

5　持ってきた2を鍋に入れて、にんじん、玉ねぎ、セロリ、ひよこ豆、トマトを缶汁ごと加え、弱めの中火で15～20分煮る。パプリカ、ズッキーニを入れて、さらに15～20分煮る。Bを加えて味をととのえ、オリーブ油をまわしかける。

6　クスクスを作る。ボウルに沸騰湯カップ$1\frac{1}{2}$とオリーブ油少々を入れ、クスクスを入れてざっと混ぜ、ふたかラップをして3分ほど蒸らす。クスクスが水分を吸ってふっくらしたら、塩とバターを加えてほぐすように混ぜる。

＊クスクスを皿に盛って、ハリーラをたっぷりかけて、あればアリッサ（＝市販のチリペースト）を混ぜながら食べる。クスクス、ハリーラ、アリッサ。おまじないみたいですね。

クスクス⇒

アリッサ⇒

⇒もう8年ぐらい前に、アラブ料理を習ったことがあります。6回コースだ。いろいろなことを習ったと思いました。気候風土の違いからくる文化の違いが、いちばん心に残ったことです。水を潤沢に使える日本とは、まったく違う文化。

⇒クスクスの回のとき。先生がクスクス鍋を忘れたので、わたしが先生の家まで取りにいきました。そのくらい、先生は鍋を見せたかったのだった。クスクス鍋は2段になっていて、下はシチューを煮る鍋で、上は乾燥クスクスをシチューの湯気で蒸らす鍋。つまり上段は蒸し器のようになっている。一滴の水分も無駄にしないようなシステムだ。鍋を見せて、先生はアラブの文化を知らせたかったんだと思います。

⇒クスクスはツブツブで穀物のようですが、じつは粉末小麦をふやかして粉にして成形したもの。顆粒状のパスタの一種、とも言えます。お湯でもどすだけで、かんたんに食べられる。でも思うのだけれど、きっと昔はクスクスは小麦じゃなくて、ヒエとかアワのような雑穀だったんじゃないかな。北アフリカのやせた土地が発祥の料理なのだから。

⇒羊肉や牛肉で、スパイスを効かせたトマト味のシチューを作って、それをかけて食べるのがクスクスの一般的な食べ方。パーティーのときに作ると、友だちから「おいしかったぁ、また作ってね」と必ずリクエストされます。あと、いいもんだな、と思うのはアウトドアのクスクス。カセットコンロをひとつ、鍋を1～2個、ボウルをひとつ。これだけの調理道具でできる料理が、シチュー&クスクスなんです（ごはんを炊くには、もうひとつ鍋とか飯盒とか必要でしょ？）。肉を煮込んで、シチューのベースとなるスープだけを家で仕込んでいくのがおすすめ。あとは現地で、野菜や豆なんかを入れてグツグツ煮るだけでOK。ボウルでクスクスをサッともどして、鍋からシチューをかけて「はい、ごはん」。みんな、喜ぶよぉ。

⇒パリのモロッコ料理屋で、ひとりでクスクスのランチを食べたことがある。ふふっ、わたしが作るほうがちょっとおいしい、って思った。

⇒タブーリというのは、もともとはシリアの食べ物。クスクスではなくて、ひき割り小麦を原料とした、クスクスによく似たツブツブの食べ物をサラダにしたのがタブーリです（複雑ですね）。しかし最近はタブーリもクスクスで作られることが多い（さらに複雑ですね）。多い、っていうのは、アメリカやヨーロッパのいろんな国出身の人が集まる場所で多い、のです。カリフォルニアやパリのお総菜屋さんで、タブーリをよく見かけた。ライスサラダみたいな感じ。マカロニサラダみたいでもあるね。で、パセリ（大量の）とかミントが入っているあたりが、中東のエキゾチックな感じでそそられます。

タブーリ(クスクスのサラダ)

タブリと縮めて言ったりもする、シリア風サラダ。

材料　4人分

クスクス---カップ1

ソーセージ(チョリソーなど)---2本

きゅうり---1本

紫玉ねぎ---1/4個

トマト---小1個

パセリ---1わ

A
- 塩・はちみつ---各小さじ1
- ワインビネガー・オリーブ油・サラダ油---各大さじ2 1/2
- カイエンペッパー・クミン・コリアンダー・チリパウダー---各小さじ1/3

カッテージチーズ---大さじ2

作り方

1　ソーセージはゆでて、小さめの一口大に切る。きゅうりは7～8㎜角に切る。紫玉ねぎは7～8㎜角に切って水にさらし、水けをきる。トマトは7～8㎜角に、パセリはみじん切りにする。

2　ボウルに沸騰湯カップ1を入れ、クスクスを入れてざっと混ぜ、ふたかラップをして3分ほど蒸らす。

3　大きなボウルにAを混ぜ、クスクスを入れて混ぜる。1の材料とカッテージチーズも加えて混ぜ合わせる。

scene

16：

どこで月見てる？

差出人：NEKO-EDAMOTO@eat.com
送信日時：2001年9月24日(月)22:37
宛先：SAKANA-chang@love.net.jp
件名：どこで月見てる？

Sちゃん、こんばんは。

秋だねぇ。季節ってさ、いつも暑い寒いという温度で知るような気がしていたんだけど、じつは空気の肌触りみたいなもので、季節が移っていくのを感じるんだなと思ったよ。わたしがいるイマ・ココは、すうっとしたような、しんとしたような空気に満ちています。少しひんやりとしていてね、これから秋を越えて冬に向かって、どんどん澄んでいくんだ、どんどんせつなくなっていくんだ、そんな気配をさせている空気。

澄んだ空気の中で、窓から見える今夜の月は白くて丸い。そして明るくてクリアです。Sちゃんはどこで月を見てるかな？　そして何を思っていますか？　わたしはこんな月を見ると、なをさんのことを思い出します。阿部なをさん。大先輩の料理家。憧れの人。なをさんは素材ときちんと向き合って、決まり事にとらわれずに自由に料理を作る名人でした。70歳からひとり暮らしをはじめて「すごくおもしろいよ。全部の時間を自分のために使えるときがやっときたんだ」と言っていたカッコイイ女の人だった。なをさんとわたしのふたりで、季節を追って、旬の素材と遊ぶような料理の本を作っていたときに、「明日から秋の料理を撮影しましょう」という満月の夜に、なをさんは突然亡くなりました。だから澄んだ丸い月を見ると、なをさんのことを思い出す。

さっき、月見の食べ物を考えた。料理名は「焼いたかぶ　蒸した芋　揚げたごぼう」。豊穣（ほうじょう）の秋の味覚。月へのおそなえ？　のつもりの酒の肴（さかな）。なをさんが好きそうな、シンプルでしっかりとした味わいの食べ物です。Sちゃんもきっと好きだと思うよ。しんとした明るい夜に。ひとりでいるのに、ひとりじゃないと感じる夜に。ふさわしい食べ物を考えたんだよ。

焼いたかぶ　蒸した芋　揚げたごぼう

焼いたかぶ

コリッとしたおいしさ。帆立てのたれも自信作。

材料　2人分

かぶ---2個

帆立て貝柱の水煮缶---小1缶

A
- ピーナッツオイル---大さじ1
- ナンプラー・レモン汁---各大さじ$\frac{1}{2}$
- 香菜（シャンツァイ）の茎または万能ねぎ(みじん切り)---大さじ2
- にんにく(みじん切り)---少々
- 赤唐がらし(小口切り)---少々

作り方

1　かぶは茎を落としてよく洗い、皮つきのまま3等分の輪切りにする。断面に細かい格子状の切り込みを入れる。

2　フッ素樹脂加工のフライパンにかぶを並べ入れて、強めの中火で両面に焼き色がつくまで、4〜5分かけて焼く。

3　帆立て貝柱の缶汁は計量カップなどにとっておく。帆立て貝柱はボウルに入れ、Aを混ぜて、缶汁大さじ1〜2で濃度を調節する。

4　2のかぶに3のたれをのせて一緒に食べる。

＊4〜5分焼いたかぶは、中心まで均等に火が通って柔らかく、食べると甘みを感じる。コリッとした食感が好きなら、強めの火で手早く焼いて。好みの焼き加減で食べてください。

＊写真では、かぶでたれをサンドしました(←スタイリッシュな盛りつけを意識)。

蒸した芋

ほっくり、ねっとり豊かなおいしさ。

材料　2人分

里芋---小4〜6個

塩---少々

作り方

里芋は皮つきのままよく洗い、上下を切り落とす。蒸気の上がった蒸し器で、10〜15分を目安に強めの中火で蒸す。裏側から竹串を刺してみて、スッと通ればOK。皿に盛って、塩を添える。

揚げたごぼう

さくさくのおいしさ。スナック菓子みたい。

材料　2人分

ごぼう---$\frac{1}{2}$本(約100ｇ)

煮干し---適量

切り昆布---ひとつかみ

揚げ油---適量

塩---少々

＊切り昆布は、だし昆布をキッチンばさみで細く切ったものでもいい。

作り方

1　ごぼうは皮をたわしでこそげるように洗い、ピーラーで薄切りにする(もちろん包丁で薄切りにしてもいい)。2分ほど水に放し、ペーパータオルで水けをていねいにおさえる。

2　煮干しは小さめならそのままで。大きめだったら頭とわたを取る。

3　揚げ油を170℃(＝切り昆布を落とすと、すぐに浮いてくる温度)に熱して切り昆布を入れる。すぐにじゅわっと浮き上がってくるので、引き上げて油をきる。続いて煮干しを入れ、混ぜながら揚げて、気泡（きほう）が小さくなったら引き上げる。最後にごぼうを入れ、ときどき混ぜながら揚げて、気泡が小さくなり、薄く色づいたらすぐに引き上げる(そうしないと苦みが出るので気をつけて)。熱いうちにごぼうに塩をふる。

＊海のもの、つまり煮干しと昆布には塩分があるので、塩はいらない。

吟醸純米

scene 17：れんこんざんまい

友だち　えだもんの家って、蓮の花があちこちにあるね。写真とか絵とか小物とか。

枝元　　そっ、好きなんだ、蓮好きなのよ。

友だち　れんこん好きと関係ある？

枝元　　関係ある、ようでない、のかな。わかんない。でも、れんこん大好き。食べるのも料理するのも好き。れんこん料理はちょっと得意かもしれない。

友だち　どんなの作るの？　個人的に一番よく作るのは何？

たたきれんこんの素揚げ

衝撃のうまさ。大げさ？　いや大げさではなくて。

材料　2人分

れんこん---2節(約300g)
ぎんなん(水煮)---10個
揚げ油---適量
ポン酢しょうゆ(市販)---カップ1/4

作り方

1　れんこんは皮をむいて縦四つ割りにし、酢水に3分ほど放す。ペーパータオルで水けをおさえてから、めん棒などでたたいてひびを入れ、手で大きめに裂く。

2　フライパンに油を1cm深さに入れて、170℃ぐらい(＝乾いた菜箸を入れたとき、箸の先からしゅわしゅわと気泡が出る温度)に熱し、ぎんなんを入れて1〜2分揚げ、引き上げて油をきる。続いてれんこんを2回ぐらいに分けて入れ、うっすらと色づくまで、強めの中火で6〜7分かけて揚げ焼きする。引き上げて油をきる。

3　フライパンの油をよけて、れんこんとぎんなんを戻し入れ、ポン酢しょうゆを加えて、じゅわっと煮立てて味をからめる。

＊おかずにはポン酢しょうゆがらめで。おつまみなら素揚げに、塩をちょいとつけて食べるのもグー。

枝元　　やっぱりダントツはきんぴらでしょ。れんこんのきんぴらったら、もぉ、ほんとうにうまいよねぇ。これさえあれば、ごはん2杯はいけるもん、わたし。ソウルフードのひとつ、と言ってもいいかもしれませんぜ。

友だち　前に、たたきれんこんの素揚げを作ってくれたじゃない、あれ、すんごいおいしかったな。

枝元　　うん、確かにあれもうまいね。なんてことはない、かんたんな料理だけどね。一口大ぐらいにたたき割って、素揚げにするだけだもん。

友だち　なのに、もちもちっとしたお餅みたいな食感になって。甘くて。味が濃いような感じになるんだよね。不思議だ。

枝元　　うん。あのさ、あれなんだ。揚げるっていう調理法は、素材の中の水分が外に出て、逆に熱い油が素材の中に入って、それで火が通っていくのね。パチパチと音がするのは素材の中の水分が出ているからで、音がしなくなれば中まで火が通った証拠なの。つまりれんこんを素揚げすると、れんこんの水分が外に出るわけ。それで味がギュッと凝縮されたようになるんだよ。

友だち　あー、そういうことなのね、なるほどね。

枝元　　わたしはれんこん、サラダにするのも好き。れんこんって、ゆでただけだとボソボソして味がいまいちだけれど、オイル入りのドレッシングであえると、とたんにイキイキ、シャキシャキ、お肌もより白く、って感じで魅力がアップするんだよね。きっとオイルと相性のいい野菜なんだと思うんだ、れんこんは。きんぴらも素揚げもそうだし。

友だち　なるほどねぇ。なんか今日のえだもん、料理の先生みたいでカッコイイぜ。

枝元　　よせよ、照れるぜ。って、なぜかふたりして男言葉になってる(笑)。

れんこん、クレソン、じゃが芋のサラダ

白いサラダ。くるみ散らして。秋のサラダ。

材料　2人分

れんこん---細めのもの10cm
じゃが芋---1個
クレソン---1わ
くるみ---4個

A
- 塩・はちみつ---各小さじ½
- こしょう---少々
- ワインビネガー・サラダ油またはグレープシードオイル・オリーブ油---各大さじ1½

作り方

1　れんこんは皮をむいて薄切りにし、酢水に放す。じゃが芋は皮をむき、半分に切ってから薄切りにする。クレソンはざく切りにする。

2　大きめのボウルにAを混ぜる。

3　鍋に湯を沸かしてれんこん、じゃが芋の順に入れ、両方に透明感が出るまで2分ほどゆでてざるにとり、水けをきる。熱いうちに2に入れて混ぜ、味をなじませる。冷めたらクレソンを加え混ぜる。粗くくだいたくるみを散らす。

れんこんきんぴら

きんぴら⇒白いごはん⇒きんぴら、が止まらない！

材料　2人分

れんこん---1節（約150ｇ）
サラダ油---大さじ$1\frac{1}{2}$
A
- 砂糖---小さじ1
- 酒・しょうゆ・みりん---各大さじ1
- 昆布茶---小さじ$\frac{1}{3}$

七味唐がらし---少々

作り方

1　れんこんは皮をむいて薄切りにし、酢水に2分ほど放して水けをきる。

2　フライパンにサラダ油を熱して、れんこんを中火で炒める。油がなじんで透明感が出てきたら、Aを順に加えて味をからめ、仕上げに七味唐がらしをふる。

＊おなじみの昆布茶は、わたしにとってのインスタント昆布だし。ちなみに、れんこんをにんにくで炒めるタイプのきんぴらも、わたしの超定番。こちらもうまいです。

18：scene

パンキッシュ・メンチカツ

scene 18: パンキッシュ・メンチカツ

この本でどうしても「メンチを作る！」って思ったんだよ。パンクな気持ちのメンチを作りたい、って。

What's PUNK?　1970年代不況にあえぐイギリスで、労働者階級の若者の行き場のない怒りから生まれたロックのジャンル、みたいな説明が一般的にされがち。代表的なパンクバンド、セックス・ピストルズのリーダー、ジョン・ライドン（当時はジョニー・ロットン＝腐ったジョニーと名乗ってました）のかつての言葉「すべてのものに対してNOだ」、つまりはこういうコトでしょうか。パンクスピリットって、反逆のココロ？　反逆して、イマ・コにあるのとは"違う何か"を希求するココロ？

メンチカツ（ラグビーボールタイプ）

いっそ「食べたぞ」って気にさせるビッグサイズで。

材料　大4個分

A
- 合いびき肉 - - - 600 g
- 玉ねぎ - - - 小1個
- パン粉 - - - カップ1
- 溶き卵 - - - $1\frac{1}{2}$個分
- 塩 - - - 小さじ$\frac{2}{3}$
- こしょう - - - 小さじ$\frac{1}{4}$
- ナツメグ - - - 少々

小麦粉・溶き卵・パン粉・揚げ油 - - - 各適量

作り方

1　玉ねぎは根元に十文字の切り込みを入れ、沸騰湯で4〜5分ゆでる。水けをきって7㎜角の粗みじんに切る。

2　Aの材料をボウルに入れて、粘りけが出るまで充分に練る。4等分して、少し先がとがって真ん中がふくらんだラグビーボール形に手で形を整える。

3　小麦粉→溶き卵→小麦粉→溶き卵、と2回衣をくぐらせてからパン粉をまぶす。

4　揚げ油を170℃（＝パン粉を落としたとき、すぐに浮き上がってくる温度）に熱し、**3**を1個ずつ、油の温度が下がらないように時間差で入れて、1個あたり5分ほどかけてゆっくり揚げる。

＊作り方の**1**で玉ねぎをゆでるのは、こうすると甘みが出るから。新玉ねぎが手に入る季節には、生のままで大きめにきざんで入れるとおいしい。

＊たねに衣をつけるとき、慣れていなかったり器用じゃないと汚くなりがち。でも作り方**3**のように、衣を2度づけすればキレイにできる。おまけに外側がカリッとするから、大きいメンチカツをじっくりと時間をかけて揚げてもパンクしない（あれ？）。

＊揚げたてを手でぱかっと割ってかぶりつくのがいちばんうまい。

本当は何をもってして、パンクっていうのかはよくわかんない。でも"食べる"っていう行為は、ものすごくはっきりと欲望とつながってる、そのことを忘れたくないんだよ。そりゃふだんは健康や栄養バランスや、いつも気持ちの底流にあるダイエットとかね、いろんな考えが行ったり来たりする。食べることを考えるときには。でもだからこそ、ときどき、自分の豆理性や豆知識に反逆して、あらゆる気持ちを解き放って、**うりゃー**と天を仰いで、本能のおもむくままに**「腹減った〜」**と、揚げたての大っきなメンチカツにかぶりついてみたりしたいじゃないの。**「うまいねー」**なんて言いながら。油でつやつやと光った、口元をほころばせたりしてみたいじゃあないの。

EAT

冬に愛、胸いっぱいの愛

突然ですが、「白菜の汁ってうまいっ！」と思うんです。あ、乱暴な言葉で申しわけありません。でも思わず言葉も乱れるほどに、白菜を煮込んだときに出る汁、「なんておいしいんだろうね」と思うんです。水を入れずに、白菜から出る汁だけで煮る鍋、なんていうレシピを考えて、「白菜鍋はこれに限る！」と自画自賛しているほどです。

同じように、たこ汁もナイスですね。たこって炒めたり煮たりすると、コクと甘みのある汁がいっぱい出てまいります。あれを吸った野菜とかごはんとか、そりゃあうまいもんです。どっちかというと本体よりも、汁を余すところなくいただきたい。なので三つ葉やセロリと一緒に炒めて、ごはんにかけてどんぶりにしたり。そのものズバリで、たこ汁で炊き込んだたこめしを作ったり。わたしの得意分野なんです、〝素材汁〟料理。

白菜のピリ辛みそ鍋

白菜から出る汁だけで煮る。だからおいしい！

材料　4～6人分

白菜---½個
豚肩ロース薄切り肉---300ｇ
にんにく---3かけ
A
- みそ---大さじ4
- 酒---カップ½
- コチュジャン---大さじ1

作り方

1　白菜は茎と葉に切り分け、どちらもざく切りにする。
2　にんにくは薄皮をつけたままオーブントースターで7～8分焼き、薄皮をむいてつぶし、Aと混ぜておく。
3　鍋に白菜の茎を並べ、その上に豚肉を広げて並べる。白菜の茎、豚肉と交互に重ね、Aを塗りのばして白菜の葉の半量を一番上にのせる。
4　ふたをして鍋を3～4分強火にかけ、弱めの中火にして約30分蒸し煮にする。
5　白菜の葉の残りを入れ、ふたをしてさらに5～10分煮る。全体を混ぜて食べる。

＊作り方の2で、にんにくを薄皮つきのままトースターで焼くのは、こうするとにんにくがほっくりおいしくなって、香りもマイルドになるから。

scene
19：白菜汁とたこ汁についての考察

つまり、これって〝だし〟なんだよなぁ、と思うのです。由緒正しい料理本には「料理の基本はだし。まずはだしのとり方を覚えましょう」と、最初に昆布とかつお節のだし汁などが懇切丁寧に紹介されていたりします。で、モノには順序ってものがありますから、そうして〝だしのとり方〟を学んだあとにくるのはやはり、さまざまな野菜の切り方、魚のおろし方、あるいは調味料の配合の方程式あたりでしょう。となってくると、これはもうお勉強です。「大変、覚えなきゃ」って感じで。「なんか、うまいもん食べたいな」という、のほほんとしたシンプルな欲望からは、離れていってしまう気がします。

じつは、白菜の汁もたこの汁も〝だし〟なんですよね。煮込むうち、炒めるうちに自然に出てくるだし汁。「昆布はグラッときたらすぐに引き上げて、続いてかつお節をパッと入れてすぐに火をとめ……」という流儀とは無関係のだし汁。庶民の〝だし〟っていうか。優等生のエリートもいいけれど。やんちゃで素朴な自然児も、なかなかよくってよ、って。なんだか、お見合いあっせんオバサンの気持ちになってきましたが。要するにあれです、おいしけりゃいいじゃん。

たこめし

たこから出る汁で炊く。だからあと引くおいしさ！

材料　2〜3人分
米---2合
ゆでだこの足---2本（約250ｇ）
サラダ油---大さじ1弱
にんにく（みじん切り）・しょうが（みじん切り）
　---各小さじ1弱
酒---大さじ2
ナンプラー---大さじ$1\frac{1}{2}$
三つ葉・さんしょうの実のつくだ煮---各適量
＊ナンプラーのかわりに薄口しょうゆを入れると、和風のたこめしになる。こちらもお試しあれ。

作り方
1　米は炊く30分前にといで、ざるに上げておく。
2　たこは薄くそぎ切りにする。フライパンに油をひいて、にんにくとしょうがを炒め、香りが立ったらたこを入れて強火で炒める。たこの色が変わったら、酒、ナンプラーを加えて弱火にし、ふたをして3分ほど蒸し煮にする（こうすると、たこから汁がたくさん出る）。
3　米を炊飯器に入れて、2のたこの炒め汁をざるでこしながら加える。炊飯器の目盛りまで水を加えて普通に炊き上げる。10分蒸らし、2のたこをのせ、きざんだ三つ葉、さんしょうの実のつくだ煮を入れて、さっくりと混ぜる。

scene

20：

捨てられない心

差出人：NEKO-EDAMOTO@eat.com
送信日時：2002年1月22日(火)9：23
宛先：SAKANA-chang@love.net.jp
件名：捨てられない心

Sちゃん、こんにちは。

冬だねぇ。空気が澄んできれいな空だ。わたしはこの間の週末、久しぶりに連休（土日のね）でした。土曜日はね、昼頃までクークー寝て、暗くなってから近所におつかいに行って、ちょいとお酒を飲んで帰ってきて、またすぐ寝ました。

日曜は両親が、ぬかみそ（出張が多かったので預けていたのだ）を持ってきてくれました。着ないけど捨てられない服を母にもらってもらったら、母はそれをいちいち着替えて見せてくれた。父は整理した本をもらってくれて（本は捨てちゃいけない、って言うんですもん）、その中にあった『ワイルド・スワン』上巻を見て、俺はこの頃に生まれたから満州のことを知っているのだ、などと言って読む気を見せておりました。最近、宮部みゆきは買わないのか、と聞くので、そういえば以前父に宮部みゆきの本をもらってもらったことがあるのを思い出しました。なんだかちょっと、両親が帰ってから、このように思い出してみると、かわいくてせつなかった。

わたしには捨てられないものがたくさんあります。友だちの子どもがくれたクリスマスカード、かたっぽ落としたピアスのもうかたっぽ、卵白（ラップに包んだのが冷凍庫にたくさん！）、だし昆布（一度だしをとったあとの昆布。ファスナーつき保存袋に入れて冷凍してる）、固くなったパン、ブロッコリーの茎、旅先でつい拾ってきちゃう貝殻や石、たくさんスタンプのある期限切れのパスポート、恋人（だった人も含む）からの手紙、祖母からもらった昔のお金。まだまだたくさんあるのだけれど。捨てられないもの、それはたぶん、捨てられない心とイコールなんだなって思います。捨てられない心には、料理して食べちゃえるものとそうでないものとがありますね。食べちゃえるものは、できるだけ食べちゃいたい。しかも、おいしく食べちゃいたい、って思うんです。だって、それでもたまる一方なのが、捨てられない心なんだもの。Sちゃんの捨てられないものはなんですか？

↑
捨てられないもの

たくさん昆布の煮豚

使ったあとのだし昆布をごちそうにするテク。

材料　4～6人分

豚肩ロースかたまり肉---500g
だしをとったあとのだし昆布---150g
A
- しょうが（せん切り）---1/3かけ分
- 酒---カップ1/2
- 砂糖・みりん---各大さじ2
- しょうゆ---大さじ4
- 水---カップ2/3
- 赤唐がらし---2本

ゆで卵---6個
＊新しいだし昆布で作る場合は、乾燥した状態で30gを使用。
＊赤唐がらしは好みで。入れなくてもOK。

作り方

1　使ったあとのだし昆布を冷凍してある場合は、すすいで霜をおとしてから、キッチンばさみで4cm角に切る（新しい昆布の場合は3cm角）。
2　A、豚肉、昆布を鍋に入れて強火にかける。煮立ったら火を弱め、鍋を傾けてあくをすくう。クッキングペーパーを肉にかぶせて落としぶたがわりにし、弱火で30分煮る。
3　豚肉を裏返し、殻をむいたゆで卵を鍋に入れ、クッキングペーパーをかぶせて弱火でさらに30分煮る。
4　肉を食べやすく切り分けて皿に盛る。昆布、半分に切ったゆで卵を添えて、3の煮汁を上からかける。

↑
捨てられないもの1

↑
2

↑
3

↑
4

↑
5

ブロッコリーの茎と残りパンのかじきソテー

捨てられない食材をおしゃれメニューにするテク。

材料 2人分

ブロッコリー---茎を含めた1個、または茎だけ2～3個分
かじき---2切れ
バゲットなど固くなってしまったパン---約50g
オリーブ油---大さじ2
にんにく(薄切り)---1かけ分
アンチョビ---4～5枚
ケイパー---小さじ1
塩・こしょう・粗びき黒こしょう---各少々
＊好みでイタリアンパセリのみじん切りを散らして。

作り方

1　ブロッコリーは小房に分ける。茎の上のほうの柔らかい部分は5mm厚さに切る。根元に近い部分は厚く皮をむいてから、2～3cm長さ×1cm角の棒状に切る。塩少々を入れた沸騰湯にすべて入れて、固めにゆでる。

2　かじきは3cm長さの角切りにし、こしょうをふる。パンは一口大に切る。

3　フライパンにオリーブ油とにんにくを入れて中火にかけ、香りが立ったら、かじきを入れて炒める。かじきの表面に火が通ったら隅によせ、アンチョビを入れて木べらでくずし、ケイパーも入れて、かじきと炒め合わせる。

4　ブロッコリーを入れて炒め、パンも加えて全体を炒め合わせる。塩、粗びき黒こしょうで味をととのえる。

scene

21：

暑い国から来た汁粉

「EL SUR」（南へ）という曲が入っているマノネグラのCDをかけて、キッチンでココナッツミルクの缶を開ける。甘くけだるい匂い。

どっか行きたい。宿題（＝たまっているレシピ書き）のないキレイな身になって。どっか行きたい。南がいい。明るい陽がさんさんと射して、風がさわさわと吹いているところ。緑が鬱蒼（うっそう）としてる。むせるように濃いんだ、緑色が。日陰の色も濃くて。そんな中では果物や、女が身につけている鮮やかな布の色がすてきに映える。ねむたいような南国の昼下がり。地面の熱の力にあおられるみたいに、匂いが立ちのぼる。スコールが来るのはそのあとだ。突然激しくたたきつけて。髪を濡らし、シャツを肌にはりつかせた少年たちが自転車で走りすぎる――。島に着いてすぐ、花の色や葉の色や強い光の中をドライブしていたら、めちゃくちゃに忙しかった東京がぽろりっと剝（は）がれ落ちたのがわかったことがある。解き放たれる、ってこういう感じなんだと思った、強く。

「le sud est bleu」（南は青）という白い文字が書かれた青いバッジをシャツにつけて、レモンの皮をゴシゴシ洗う。酸っぱい水しぶき。

どっか行きたい。ひとりで行くのもいい。南がいい。真っ白な昼下がり、暑さにふうふう言いながらホテルの部屋に帰ってきて。ぶぉ～っとベッドに大の字になって、ゆっくりお風呂に入って、さっぱりしたタンクトップ着てビールとか飲んで、またベッドに大の字になって。ぼ～っとしたり、歌を歌ったり、持っていった本や現地の新聞読んだり、うたた寝したり、突然けたたましい音で降り出したスコールに驚いたり、壁をはっているヤモリを目で追いかけたり、遠くで鳴ってる爆竹にドキドキしたり、どこからか漂ってくるにんにくとナンプラーの匂いに鼻をくんくんさせたり――。あぁ、どっか行って、そういういろんなことをしたいのに。なのにここは東京。宿題のレシピ書きが山のようにたまってる。どこにも行けない冬。せめて暑い国から来た汁粉を作って食べよう。

麦とバナナの黒糖汁粉

どこの国のって？　わたしの中にある暑い国のおやつ！

材料　4人分

押し麦---カップ½
バナナ---1本
黒砂糖---カップ⅔～¾
A ┌白玉粉---カップ½
　└水---適量

作り方

1　白玉粉に水を少しずつ加え、耳たぶくらいの柔らかさに練って、小さく丸める。沸騰湯に落として、浮き上がってきたら40秒～1分ゆで、引き上げて冷水にとる。

2　麦はざるに入れてサッとすすぐ。鍋に湯カップ3を沸かして麦を入れ、強めの中火で15分煮る。

3　2に黒砂糖を入れて溶かす。1㎝ほどの輪切りにしたバナナ、1の白玉を加えて、バナナが少し柔らかくなるまで中火で煮る。

＊押し麦は少量パックがスーパーなどで手に入る。

緑豆のココナッツ汁粉

豆を煮るのは時間がかかる。むしろ寒い冬向きの仕事だ。

材料 4人分

緑豆（りょくとう）---カップ1
タピオカ（大粒でも小粒でもOK）---100g
ココナッツミルク---1缶（400mℓ）
グラニュー糖---カップ$\frac{3}{4}$〜1
牛乳---カップ1

作り方

1 緑豆はサッとすすぎ、3倍の水に2時間〜1晩つけておく。つけ水ごと鍋に移して強火にかけ、沸騰したら中火にして、ときどき差し水をしながら、20〜30分かけて柔らかく煮る。

2 タピオカはたっぷりの水に5分ほどつける。水けをきって、たっぷりの沸騰湯に入れ、大粒なら30〜40分、小粒なら15分ほど中火でゆでる（芯に小さな白い点が残るくらいまで）。ざるにとって流水ですすぎ、氷水にとって冷まし、水けをきる。

3 ココナッツミルクにグラニュー糖を入れて煮溶かし、牛乳も入れて温める。水けをきった緑豆とタピオカを加えて、ひと煮する。

＊緑豆もタピオカもココナッツミルクも、エスニック食材コーナーで手に入れよう。緑豆は小豆に代えてもいい。

かぼちゃとはすの実のレモン汁粉

酸っぱ甘いのが好き。黄色いデザート、見た目もおしゃれ。

材料　4人分

かぼちゃ---1/5〜1/4個(300g)
はすの実(乾燥)---70g
きび砂糖---カップ2/3
国産レモン(輸入ものは皮をむく)
---1/2個

作り方

1　はすの実は3〜4倍の水に1晩つけてもどす。
2　かぼちゃは種と皮を除いて、1.5㎝角に切る。
3　鍋に水カップ3とはすの実を入れて火にかけ、沸騰したら弱めの中火にして15〜20分ゆでる。
4　はすの実が柔らかくなったら砂糖を入れて溶かし、かぼちゃも入れて、柔らかくなるまで弱めの中火で煮る。
5　レモンは皮に粗塩をこすりつけて洗い、水で洗い流して、薄切りにして4に加える。ひと煮すればでき上がり。
＊はすの実はベトナムや中国ではポピュラーな食材。ほっくりしていてうまいです。エスニック食材コーナーで手に入る。

scene

22：外に出ないで編み物だけしてた

ホットココア

ココロの休日の特製、ミントとリキュール入り。

材料　1〜2人分

ココアパウダー - - - 大さじ2
砂糖 - - - 小さじ2
牛乳 - - - カップ1
ミントの葉 - - - 4〜5枚
好みのリキュール - - - 適量

＊カルーア（＝コーヒーのリキュール）を入れるのが好き。カルーアなら大さじ1ぐらい。ミントリキュールとか、コアントロー（＝オレンジ風味のリキュール）を入れることもある。いろいろな風味のチョコレートがあるのを思い浮かべて、いろんな風味を足してみる。

＊牛乳を温めて板チョコを割り入れてかき混ぜる、簡単バージョンのココアもおいしい。

作り方

1　ココアパウダーと砂糖を鍋に入れて混ぜ、牛乳を少し入れて練りのばす。

2　残りの牛乳とミントの葉を加えて火にかけ、弱火で温める。好みのリキュールも加える。

寒いから。なんとなく、誰にも会いたくないから。一日中ずっと外に出ないで。疲れた、しぼんだ自分を、そーっとそーっと部屋の中で修復するような日だって、そりゃあるよね。そういうとき、編み物をするといいと思う。昔、落ち込んでいたときに友だちから、ピーナッツとか豆を食べるといいよ、と教わった。最初はため息なんかつきながら食べてるんだけど、そのうちピーナッツ・マシーンみたいになって、自動装置みたいになって、食べることのほうに集中してたりするからね、って。編み物もそれに似てる。いつの間にかマシーン化して、黙々と編んでいる。一目一目編むというイメージほど、ヘビイな想いが積もったりしないもんなんだな。むしろ「あたしはマシーンよ！」っていう感じ。達成感に支配されるマシーンになるのも、たまにはキモチいいものです。
編み物マシーンになっている日。
CDをたくさん聴く。古いのから新しいのまで。ニルヴァーナもスザンヌ・ヴェガも奥田民生もスガシカオも聴く。それと料理を作る。寒い冬の日、一日中家の中にいる日にこそ、作りたい料理っていうのもあるから。

その1＊豆を煮る。

そもそも「明日は部屋にいよう」というときは、チャンス！とばかりに前夜、豆を水につけてもどしておくことが多いわたしです。豆好きなのだ。豆ってかわいいしね。ひよこ豆、とら豆、いんげん豆は、だいたい煮え時間が同じなのでミックスしてもどして煮ると、いろんな色形のつぶつぶが混ざって、楽しくてうれしくておいしい。

その2＊鶏がらスープをとる。

エアコンの空調が苦手なので、冬も小さな電気のヒーターひとつで暮らしているわたしです。で、冬はやっぱり寒いから、暖房がわりにスープをコトコトと火にかけている。それで、ガスストーブだもん、とか思ってる。鶏がらスープも、冬になるとよくとるんです。鶏がらはついでのときに買っておいて冷凍しておく。鶏がら以外のもの、それこそいろんなものでスープをとったことがあるけれど、イチオシは鶏がら。安いし、いろいろに使えるし、においも気にならない、というのがその理由（ちなみに豚骨でスープをとるのは……家庭ではおすすめできません。部屋に豚のにおいが充満いたします）。

その3＊グラタンを作る。

なんだかグラタンって、幸せな感じがする。いくつになっても、気持ちが浮き立つ料理じゃないかしら。ココロ＆時間に余裕があるときに、食べたいものじゃないかしら。あと、ひとりで食べても寂しくない料理のような気もする。これもそれもすべて、あったかいから、かな？　オーブンを使うのもミソですね。だってこれもまた、ガスストーブだもん。

こうして、ぽかぽかと温まって元気になったマシーンは、翌日からまた、木枯らしの街へ出かけるのであった。もちろん首に手編みのマフラーを巻いて。ガッツだぜ、って、街へ出かけていく。

かにのマカロニグラタン

休みの日の遅いランチは、アツアツのグラタン。

材料　2人分

かにのほぐし身---100g
玉ねぎ---½個
マッシュルーム---6個
マカロニ---100g
A
- 薄力粉---大さじ4
- 牛乳---カップ2
- バター---30g
- 塩---少々
- こしょう---小さじ⅓

サラダ油・バター---各大さじ½
チキンコンソメ（顆粒）・塩・こしょう---各適量
ピザ用チーズ---60g
イタリアンパセリなどフレッシュハーブ---少々

作り方

1　Aでホワイトソースを作る。鍋に薄力粉を入れ、牛乳を少しずつ入れて泡立て器でよく混ぜる。混ぜながら強火にかけて、フツフツとしてきたら中火にし、バター、塩、こしょうを加えてとろみがつくまで煮る。

2　玉ねぎは薄切り、マッシュルームは軸を除いて5mm厚さに切る。マカロニは塩小さじ2を入れた沸騰湯で、表示の時間より1〜2分長く柔らかめにゆでる。

3　フライパンにサラダ油とバターを熱し、玉ねぎ、マッシュルームの順に入れて中火で炒める。しんなりしたら、かにをほぐし入れて炒め合わせ、塩、こしょう、チキンコンソメを軽くふる。マカロニとホワイトソースを入れて混ぜ合わせ、塩、こしょう各少々で味をととのえる。

4　バター（材料表外）を薄く塗った焼き皿に3を入れ、上にチーズをのせてハーブを散らし、200℃のオーブンで12分焼く。

鶏がらスープ

作り方＆分量、いい加減でOK。
入れる香味野菜しだいで、洋風にも中華風にも！

材料

鶏がら---1〜2羽分
水---2ℓ
A洋風セット：ローリエ2枚ぐらい　玉ねぎ、にんじん、セロリなどのはんぱ野菜適量
粒こしょう（黒でも白でも）10粒ぐらい
B中華セット：しょうがの薄切り3〜4枚　長ねぎの青い部分1〜3本分

作り方

1　鍋にたっぷりの湯を沸かし、鶏がら（冷凍してある場合は室温において解凍する）を入れて、鶏がらの表面が白っぽくなったらゆでこぼして流水ですすぐ。

2　鍋に分量の水、1の鶏がら、AまたはBを入れて、ふたをしないで強火にかける。沸騰したらあくをとって弱火にし、30〜40分コトコトと煮る。

＊途中で水が足りなくなったら、そのつど足す。
＊ストーブがわりなので、わたしは2時間ぐらいコトコトと煮ることもあります。
＊粗熱がとれたらファスナーつき保存袋などに1回分ずつ小分けにして、冷凍保存しておく。スープ、カレー、リゾット、ラーメンなどに使えて便利。

チキンスープ

とりたてのスープでまず1杯。

作り方

お気に入りのカップに塩少々を入れる。鶏がらスープ（P.92）をとった鍋から、じかにレードルでスープだけをすくい、カップに注ぐ。きざんだパセリなんぞを少々ふる。これだけでも「あー、おいしい」って思う、あったかいしね。

いろんな豆と鶏肉の煮込み

これとパンで遅めの夜ごはん。

材料　4人分

ひよこ豆・とら豆・白いんげん豆など---合計で200g
鶏の骨つきぶつ切り肉---400g
にんにく（みじん切り）---$\frac{1}{2}$かけ分
玉ねぎ（みじん切り）---$\frac{1}{2}$個分
アボカド---1個
サラダ油---大さじ1
ローリエ---1枚
塩---小さじ1
こしょう---少々

作り方

1　豆はサッとすすぎ、3倍くらいの水に1晩つける。
2　鍋に多めの湯を沸かして鶏肉を入れ、鶏の表面の色が変わったらゆでこぼし、流水ですすいであくを落とす。
3　大きな鍋にサラダ油を熱して、にんにくと玉ねぎを中火で炒める。香りが立ったら鶏肉、豆をつけ水ごと加え、水カップ2〜3を追加して強火にかける。
4　沸騰したらあくをすくい、ローリエを入れてふたをして弱火にし、ときどきあくをとりながら40分ほどコトコトと煮る。塩、こしょうを加えて味をととのえる。アボカドの皮と種を除き、1cm角に切って加え、少し煮る。
＊作り方の1に〝1晩つける〟とあるけれど、別に夜につけなくてもいい。要するに6〜8時間水につけてもどせばいいのだから、朝つけて、夕方に豆を煮はじめてもいいんです。

scene 23

クリスマス☆コンプレックス

街にクリスマスのイルミネーションが灯るのは好き。
東京タワーが冬の夜空に、もみの木みたいに光ってるのも好き。
懐メロのクリスマスソングも好き。

でも、クリスマスなんて来なければいいんだ。毎年一度はそう思う。
恋人や家族がいても。一緒に過ごさなくちゃ、いつになく気持ちが寄り添っていなくちゃ、だって特別な日なんだもの、と思うし。
恋人のいない時期だったら。無視しとこう、話題にするのもやめ。別に特別な日なんかじゃないし、わたしはわたしよ、って、そう思うにもそれなりのパワーがいる。
クリスマスが幸福でなきゃいけないなんて、きっと何かの陰謀だ。むしろ、クリスマスは人を幸福にする日！　自分でそう決めたら、気持ちがラクになった。
そう思っていたのだけれど……。
クリスマスの日。わたしは小さなどきどきがとまらない。いろんな思いが交錯して、複雑に入り交じって。
クリスマス☆コンプレックス。

何を作ろう、って考えるとき。いつも非常に悩む。シゴトとして作る料理も、気のおけない友だちに来てもらうクリスマスのテーブルでも。「これ、すっごくおいしいよ」とか「今ハマっているのはこれなの、試してみない？」って、そのときの自分自身を食べ物で上手にプレゼンテーションできる人もいるんだろうけど。残念ながら、わたしはそういうタイプじゃない。単にみんなに喜んでもらいたいんだ。幸福の小さなカケラを料理にしてあげたいよ。
じゃあ、何を作ったらいい？
わからないから悩んで困って、友だちに聞いてみる。
ねぇ、何食べたい？
「去年のクリスマスに作ってくれたクスクス、もう一度食べたい」。あぁ、ありがたい、思い出させてくれてありがとね。
「手羽先のパリパリに揚げたの、おいしいよね、枝元さんのあれは」「カリフラワーとかじゃが芋を煮込んだサラダ、また作ってほしいな」。あぁ、リクエストありがとね、喜んで作るよ、一生懸命、愛をこめて作るよ。「今すっごく食べたいのはロールキャベツ。コンソメ味のやつ！」。ありがとね、料理のヒントをありがとね。わかった、作る。一生懸命作る。愛をこめて作る。たとえ完璧なテーブルじゃなくても、わたしなりの幸福、わたしなりの愛の料理でいいよね。

そう思って。料理を作って。いつもより大きな皿に並べて、甘いスパークリングワインも冷やしているのに。「これでいいの？」、わたしはまだ小さなどきどきがとまらない。クリスマス☆コンプレックス。

気持ちを落ち着かせるためにロックをかける。まずは大好きなリトル・フィートの曲、LOVE is a perfect imperfection、愛は完全なる不完全。
すると突然、昔読んだ本の中のフレーズも思い出した。「私は人を愛さない。というのは、愛するなんてのは、僭越なことであるからだ」「なぜなら、愛ってのは、自分より世界のほうが断然すばらしいってことであろうし」（『ザ・ポップ宣言』岩谷宏）

そうなんだ。忘れてた。ひとりで待つときのどきどきも、最初のひとりが来て、次のひとり、ふたりが来て、そのうちざわざわと賑やかな声でガラス窓がくもるころには、すっかり消えているんだ、いつだって。
「おいしいね」という言葉に安心するんじゃない。みんながイマ・ココにいてくれる。わたしがいるのと同じ、この世界にいてくれる。それだけのことに気持ちがストンと落ち着く。感謝する。
ほんと、愛するなんて僭越だって思う。
自分より世界のほうが断然すばらしい、って思う。
その世界に自分がいられることが断然すばらしい。
だから、世界にクリスマスが降りてきた夜に、
わたしはどきどきしながら料理を作る。
みんなのために、不完全な愛の料理を。
大好きなレッド・ツェッペリンのWHOLE LOTTA LOVE、胸いっぱいの愛を、をはじめとする、いろんな愛の歌を聴きながら。
それが自分にできる、いちばんいい方法だから。
そんなふうにして、わたしはいつも料理を作っている。

タプナード＆トースト

冷蔵庫に余っていた愛＝グリーンオリーブでペーストを作った。軽くつまめる、スパークリングワインに合うもの。

材料　4人分

A
- グリーンオリーブ---20個
- にんにく---2かけ
- イタリアンパセリ（みじん切り）---大さじ1
- パルメザンチーズ---大さじ2
- オリーブ油---大さじ1
- 粗びきこしょう---小さじ$\frac{1}{3}$

好みのパン（サンドイッチ用薄切りパンなど）---適量

＊できればパルメザンチーズ（パルミジャーノ・レッジャーノ）はかたまりをすりおろして。

作り方

1　オリーブは細かくきざむ。にんにくは薄皮をつけたまま、オーブントースターかグリルで7分焼いて薄皮をむく。にんにくをスプーンなどでつぶしながら、残りのAの材料と一緒に混ぜる。

2　パンの耳を落とし、カリッとトーストして食べやすい大きさに切る。1を塗る。

＊タプナードとはオリーブやケイパーなどで作るペーストのこと。既製品もあるけれど、余りがちなオリーブで自家製を作ったほうがおいしい。ブラックオリーブで作ってもよい。

白い野菜のラタトゥイユ

ホワイトクリスマスを意識した（?）サラダがわりの軽い煮込み。ワインも白にしたりして。

材料　4人分

玉ねぎ---1個
じゃが芋---2個
かぶ---3個
マッシュルーム---1パック
カリフラワー---½個
サラダ油・バター---各大さじ1½
白ワイン---カップ¼
A
- チキンコンソメ（顆粒）---小さじ½
- クリームチーズ---60g
- 湯---カップ⅔
- 塩---小さじ½

塩・こしょう・パルメザンチーズ---各少々

作り方

1　玉ねぎは粗みじんに切る。じゃが芋は皮をむいて2cm角に切り、水に2分ほど放して水けをきる。かぶは茎を切り落とし、皮をむいて6等分のくし形に切る。マッシュルームは軸を除いて半分に切る。カリフラワーは小房に分ける。

2　Aを混ぜておく。

3　鍋にサラダ油とバターを入れて中火で熱し、玉ねぎ、じゃが芋、かぶ、マッシュルーム、カリフラワーの順に入れ、そのたびに鍋の温度が上がるまで炒める。ワインを注いで1～2分煮つめ、2を加え、ふたをして弱火で10分蒸し煮する。味をみて、塩、こしょうでととのえる。器に盛り、好みでパルメザンチーズをかける。

ロールキャベツ

メインには幸福の象徴のような料理を。
どーんと大きめサイズの幸せだよ。赤ワイン、いこう!

材料　4人分

キャベツ---8枚
合いびき肉---400g
玉ねぎ(みじん切り)---$\frac{1}{3}$個分
A:塩小さじ$\frac{1}{2}$　こしょう・ナツメグ各少々
B:チキンコンソメ(顆粒)・昆布茶各小さじ1　塩小さじ$\frac{1}{2}$
C:パン粉カップ$\frac{3}{4}$　卵1個　クリームチーズ(室温にもどす)40g
バター---大さじ1
サラダ油・小麦粉・塩・粗びき黒こしょう---各少々
＊クリームチーズはパルメザンチーズ大さじ2で代用しても。
＊あればタイムなどのフレッシュハーブを添えて。

作り方

1　フライパンにバターとサラダ油をひいて玉ねぎを炒め、透明になったら、ひき肉の半量を入れてほぐしながら炒める。パラリとしたらAで調味し、ボウルに取り出して冷ます。
2　キャベツは葉の外側の出っぱった葉脈を包丁でそいで除き、沸騰湯で軽くしんなりするまでゆでる。水けをきっておく。
3　湯カップ5にBを溶かしておく。
4　1のボウルに残りのひき肉とCを加え、手で練って混ぜ、たねを4等分にする。
5　小麦粉を茶こしに入れて、キャベツの内側に薄くふる。葉1枚に4のたね1個をのせて、丸く形を整えて包む。葉をもう1枚重ねて包み、二重にする。これを4個作る。
6　5を鍋に入れて3のスープを注ぎ、強火にかける。沸騰したらクッキングペーパーなどで落としぶたをして、弱めの中火で30分煮込む。塩、粗びき黒こしょうでスープの味をととのえる。
＊煮込むときにロールキャベツが動かないように、すきまなく並ぶサイズの鍋を使おう。

赤いごはん

白い野菜料理があるからには、
赤いおかずごはんがあって正解。
赤ワイン、もう1本？

材料　4人分

米---カップ2
缶詰のレッドキドニービーンズの水煮
---約150g（400g缶なら½缶）
紫キャベツ---¼個
ベーコン---40g
玉ねぎ---⅓個
サラダ油・バター---各大さじ1
赤ワイン---大さじ2
チキンコンソメ（顆粒）---小さじ1
A：塩小さじ⅔　バター大さじ1
粗びき黒こしょう---少々

作り方

1　米は炊く30分前にといで、ざるに上げておく。
2　キドニービーンズはざるにあけ、流水ですすいで缶汁を落とし、水けをきる。紫キャベツ、ベーコンは5㎜幅に切る。玉ねぎはみじん切りにする。
3　フライパンにサラダ油少々を熱してベーコンを炒める。にじみ出た脂をペーパータオルで拭き取ってから、残りのサラダ油とバターを加え、玉ねぎを入れて中火で炒める。しんなりしたら紫キャベツを加えて炒め合わせ、ワインを注ぎ、1〜2分煮つめる。
4　炊飯器の内釜に米を入れて1.1倍の水（440㎖）を加え、チキンコンソメを入れて混ぜる。3とキドニービーンズをのせて普通に炊く。炊き上がったら10分蒸らし、Aを加えてさっくり混ぜる。器に盛って、粗びき黒こしょうをふる。

姫りんごのタルト

キュートさ＆おいしさに免じて、
種とへたつきなのは許してね。

材料　直径23㎝・深めのタルト型1台分

［タルト生地］
バター（食塩不使用）- - - 130ｇ
A：薄力粉150ｇ　強力粉50ｇ　シナモンパウダー小さじ1/3　塩小さじ1/3
B：卵黄2個分　冷水カップ1/4

［フィリング］
姫りんご - - - 12個
バター（食塩不使用・室温にもどす）- - - 100ｇ
きび砂糖 - - - 100ｇ
溶き卵 - - - 1個分
C：アーモンドパウダー100ｇ　薄力粉30ｇ
ラム酒 - - - 大さじ1

作り方

1　タルト生地を作る。バターは1㎝角に切って冷凍庫で5分冷やす。Aをふるってボウルに入れ、バターを加え、スケッパー（またはナイフ）でバターを粉の中で細かくきざむ。粒が小さくなってきたら、指先ですり合わせてポロポロにする。

2　1のボウルの中央をあけて、軽く混ぜ合わせたBを入れて少しずつ粉と合わせ、まとまってきたら、押しつけるようにしながらさらにまとめていく（練らないように注意）。ラップで包んで、冷蔵庫で30分休ませる。

3　2をめん棒で30×10㎝にのばし、布団をたたむように長辺を3つにたたむ。生地を90度回転させ、同様にめん棒でのばして3つに折りたたみ、もう一度90度回転させて、再び同様にめん棒でのばして折りたたむ。ラップで包んで冷蔵庫で30分以上休ませる（余裕があれば、休ませてから〝のばす→折りたたむ〟をもう1セット繰り返して、さらに30分以上生地を休ませる）。

4　生地を取り出して、直径30㎝ほどにのばして型に敷き込み、冷蔵庫で休ませておく。

5　フィリングを作る。Cを混ぜておく。

6　バターをボウルに入れて、なめらかなクリーム状にする。きび砂糖を2～3回に分けて入れ、そのつどよくすり混ぜる。溶き卵も2～3回に分けて混ぜる。5を加えて、練らないように注意しながら混ぜ合わせ、最後にラム酒を混ぜる。

7　4の型に6の半量を入れて、姫りんごを並べる。残ったフィリングをりんごのすきまにスプーンなどで少しずつ置く。天パンにのせ、180℃のオーブンで50分を目安に焼く。

＊切り分けてどうぞ。好みでアイスクリームを添えたりして。

クリスマスパーティーのおみやげは料理。
毎年何かしら煮込み料理を作るんだけれど、人気はやっぱりカレー。
うちで一番大きな寸胴鍋でたっぷり作って、
電子レンジOKのふたつきコンテナに入れて。
このまま冷凍庫に入れておいて、年末年始の忙しいときに
「あ、そうだ、あれがあった！」と思い出して食べてもらえるといいな、って。
パーティーに来られなかった人に、メッセージつきで宅配便にのせたり。
残ったカレーがクリスマスの翌日、
翌々日の自分のごはんになることもしばしば。

年末カレー(豆ときのこのデリシャスカレー)

もちろん胸いっぱいの愛をこめて作った。みんな、今年もありがとね！

材料　5〜6人分
豚ひき肉 - - - 300 g
玉ねぎ - - - 大2個
エリンギ - - - 1パック
ひよこ豆(ゆでたもの) - - - 300 g(水煮缶なら1缶)
A：サラダ油大さじ3　クミンシード小さじ½
B：カレー粉大さじ3½　塩小さじ1　こしょう小さじ¼
トマトの水煮缶 - - - 1缶(400 g)
C：スープの素(固形)1個、またはチキンコンソメ(顆粒)小さじ1　ローリエ1枚
D：おろしにんにく・おろししょうが各1かけ分
塩・こしょう・ガラムマサラ - - - 各適量
チャツネまたはマーマレード - - - 適量

作り方
1　玉ねぎは薄切りにして耐熱ボウルに入れ、ふたかラップをして、電子レンジで15分加熱する。エリンギは縦4つに裂き、長ければ半分に切る。
2　厚手鍋にAを入れて中火で熱し、クミンシードから小さい気泡(きほう)が出てきたら、玉ねぎを入れて強火→中火へと火加減しながら、茶色くなるまで15分ほど炒める。ひき肉を加えてほぐしながら炒め、肉の色が変わってきたらエリンギも入れて炒め合わせる。
3　Bをふり混ぜて、なじむまで炒め合わせる。
4　トマトの水煮を缶汁ごと加えて、木べらでつぶし混ぜる。水カップ2を注いで強火にし、沸騰したらあくをすくい、Cを加えて中火で20分ほど煮込む。ひよこ豆を入れて、ときどき混ぜながらさらに20分煮てDを加える。味をみて、塩、こしょう、ガラムマサラ、チャツネなどを加えて味をととのえる。
＊このカレーは冷凍しても味が落ちない材料で作ることが重要。豆やきのこが冷凍向き。
＊ここではプレゼント用に彩りも考えた。一口大に切った黄色いパプリカを最後にカレーに加えて少し煮て、上にのせるようにしてパッキング。

scene

24：雪が降った日

〜おわりに

ご著書を読んでから、ずっと憧れの人だった料理家の阿部なをさんとは、'94年にたまたまお目にかかることができました。'96年の秋に、なをさんが85歳で亡くなるまでの短いおつきあいでした。短いけれどそれは、わたしにとって一生の宝物のような時間でした。

'96年にはふたりで料理の本『旬を楽しむ　素材を味わう』(オレンジページ)を作っていました。そのときになをさんは春の料理として、いかと一緒にゆきのした(あさつきの若い芽を、なをさんはこう呼んでいました)を煮て。いかは冬が旬だとばかり思っていたわたしに、なをさんは言った。「いかは春になると力が弱まってくるでしょ。だから春に元気なものと一緒に煮てあげるのよ」

雪の下から宙(そら)に向かって、力いっぱいに芽吹いてくる若草と。ぬるんできた水から引き上げられた、なごりの冬の海のもの。これから生きようという猛々しさと、消えゆくもののたおやかさ。ふたつが合わさることで、お互いがおいしくなっていく。その素材がおいしい季節を旬というのならば、旬とは出盛りどきだけをさすんじゃないんだな。素材も人も、若くて力がピークのときだけが旬じゃないんだ、とそのときに気づきました。そういう、料理のことやいろんなことを、なをさんに教えてもらったんです。

雪が降った日の話を聞いたことがあります。晩年のなをさんのひとり暮らしの家で、朝起きたら、あたりいちめんが真っ白に変わっている。今なお灰色の空からキラキラとした白いかけらが、音もたてずにつぎつぎに降りてくる。電信柱に。屋根に。南天の葉の上に。手のひらに。降りては消えて、消えながら積もっていく。シンシンと静かだけれど気がはずむそんな日に、ひとり暮らしの同年代の画家の女友だちから電話がかかってきたそうです。「あんた、うちのほうでは雪が降ってるよ」なをさんは答えた。「こっちも降ってるわよ。あたしなんかもう、外に出て雪を盛ってきて、雪ごおりを食べちゃったもの」

この話を聞いたとき、雪が降ったうれしさに思わず庭に駆け出していく、なをさんの姿が見える気がしました。そしてガラスの器に、降りたてのふわふわのところをサッとひとすくい、少女のような無邪気さで部屋に持ち帰って、ゆっくりと味わうなをさんの姿も。そんなふうに、わたしもなりたいと思った。憧れた。雪が降った日に。おばあさんになった女がふたりで、雪ごおりのことを電話で話す。そんなふうに年をとれたら幸せだな、と思うんです。

ところで。なをさんは雪ごおりに何かかけて食べたのかしら？　聞くのを忘れてしまいました。何もかけずに食べたような気もするけれど。かけるとしたら何がいいのかな？　でも、こんなことを聞くと、言うに決まってるんです、「あんた、そんなの、自分の好きなものでいいのよ」。そうですよね。じゃあ何をかけようかなぁ……。

ほらまた、料理のはじまりです。

Profile

枝元なほみ

料理家。劇団・転形劇場で役者＆めし炊き主任として奮闘。26歳からの6〜7年間を無国籍レストラン「カルマ」でシェフとして奮闘。劇団が解散した32歳頃から今に至るまで、雑誌やテレビなどで料理家として日夜奮闘中。『枝元なほみの愛の元気食堂』(日本放送出版協会)、『枝元なほみの料理がピッとうまくなる』(筑摩書房)、『枝元なほみのはじめてさんクッキング』(講談社)など著書多数。

Staff

長嶺輝明　撮影
茂木隆行　ブックデザイン
肱岡香子　スタイリング
白江亜古　構成・文
篠原由紀子　編集

撮影協力
SEMPRE　(株)センプレ デザイン　東京都港区南青山5-13-3　FIK南青山ビル1F　tel.03-5464-5655
PROPS NOW TOKYO　東京都港区白金2-1-1　パセオ三光坂1F　tel.03-3473-6210

雪ごおり＊
朝一番のきれいな雪を、
お気に入りのガラス器にさっくりとすくいとる。
上から白砂糖適量をふりかける。
好みではちみつをたらして、
甘みと色みをプラスしてもいい。

愛する男、愛する女に食べさせたい

2002年3月15日　第1刷発行

著　者　枝元なほみ
発行者　野間佐和子
発行所　株式会社講談社
〒112-8001　東京都文京区音羽2-12-21
編集部　TEL03-5395-3527
販売部　TEL03-5395-3625
業務部　TEL03-5395-3615
印刷所　凸版印刷株式会社
製本所　株式会社上島製本所

定価はカバーに表示してあります。
落丁本、乱丁本は小社書籍業務部宛お送りください。送料小社負担にてお取り替えいたします。
なお、この本についてのお問い合わせは、生活文化第一出版部宛にお願いいたします。

ISBN4-06-271530-9(生活文化一)